Lektürehilfen

Max Frisch

Andorra

von Manfred Eisenbeis

Klett Lerntraining

Manfred Eisenbeis, langjähriger Gymnasiallehrer für das Fach Deutsch und Fachleiter für Deutsch am Studienseminar Saarbrücken.

Alle Seitenangaben zum Dramentext beziehen sich auf die Ausgabe: Max Frisch, Andorra. Stück in zwölf Bildern, mit einem Kommentar von Peter Michalzik, Frankfurt a. M.: Suhrkamp, 1999 (Suhrkamp BasisBibliothek 8).

9 783129 230756

Bibliografische Information der Deutschen Bibliothek
Die Deutsche Bibliothek verzeichnet diese Publikation in der Deutschen Nationalbibliografie; detaillierte bibliografische Daten sind im Internet über http://dnb.ddb.de abrufbar

Auflage 5. 4. 3. 2. | 2017 2016 2015 2014
Die letzten Zahlen bezeichnen jeweils die Auflage und das Jahr des Druckes.

Dieses Werk folgt der reformierten Rechtschreibung und Zeichensetzung. Ausnahmen bilden Texte, bei denen künstlerische, philologische oder lizenzrechtliche Gründe einer Änderung entgegenstehen.

http://www.klett.de/lernhilfen
Umschlagfoto: Ullstein Bild GmbH, Berlin
Satz: DOPPELPUNKT, Stuttgart
Druck: Beltz Bad Langensalza GmbH
Printed in Germany
ISBN: 978-3-12-923075-6

Inhalt

Vorbemerkung . . . 7

Aufbau und Inhalt . . . 9

Die Fabel . . . 9

Aufbau . . . 10

Gang der Handlung . . . 12

Das erste Bild . . . 12
Das zweite Bild . . . 15
Das dritte Bild . . . 16
Das vierte Bild . . . 17
Das fünfte Bild . . . 18
Das sechste Bild . . . 19
Das siebte Bild . . . 20
Das achte Bild . . . 21
Das neunte Bild . . . 23
Das zehnte Bild . . . 24
Das elfte Bild . . . 25
Das zwölfte Bild . . . 26

Die Personen . . . 29

Die Personen des häuslichen Bereichs . . . 30

Barblin . . . 31
Die Mutter . . . 31
Die Senora . . . 33
Der Lehrer Can . . . 34

Die Personen des öffentlichen Bereichs . . . 39

Der Pater . . . 39
Der Doktor . . . 42
Der Wirt . . . 44
Der Tischler . . . 45
Der Geselle . . . 46

Der Soldat 47
Der Jemand 48

Die stummen Rollen 49

Themen und Probleme 51

Die Bildnisthematik 51

Bildnis und Vorurteil 51
Das Problem des Antisemitismus 55

Die gesellschaftliche Problematik: Die Andorraner 59

Das Selbstbild der Andorraner 60
Das Fremdbild der Andorraner 61
Verhalten der Andorraner 62

Die Identitätsproblematik: Andri 64

Andris Selbstbild 65
Andris Identitätskrise 66
Andris neue „Identität“. 68

Die Gewaltproblematik 70
Das Problem der Verdrängung: Die Zeugenaussagen 74
Schuld und Tragik 79

Die dramatische Bauform 82

Brechts Dramentheorie und Frischs Theater 82
Von der Prosaskizze zum Drama. 86
Die Struktur des Dramas 89

Handlungsstränge 90
Die Zeitstruktur 94
Die Raumstruktur. 98

Andorra – ein Modell 100

Sprache und Symbolik 105

Gesprochene Sprache 105
Rollensprache 107
Sprache des Soldaten 107
Sprache des Doktors 108
Sprache des Paters 109
Andris Sprache 110

Bibelanspielungen 113
Symbole und Vorausdeutungen 115

Entstehung und Rezeption 120

Die Entstehungssituation 121
Frisch über sein Drama 123
Theaterkritiken 124
Interpretationsansätze 128

Literaturhinweise 132

Prüfungsaufgaben und Lösungen 135

I Die Bedeutung des ersten Bildes 136
II Beziehungsgefüge Andris 138
III Die „Bildnis“-Problematik 141
IV Schuldproblematik 144
V Formale Besonderheiten des Stücks 146

VI Gestaltungsmittel des Stücks 149
VII *Andorra* als Modell 151
VIII Literarische Erörterung 153

Stichwortverzeichnis 155

Vorbemerkung

Frischs *Andorra* ist eines der bedeutendsten deutschen Theaterstücke der Nachkriegszeit und einer der größten Publikumserfolge kurz nach seiner Uraufführung 1961. Es wurde in einer Zeit aufgeführt, in der man von der Nazizeit und ihren Verbrechen nichts wissen wollte und diese schreckliche Vergangenheit verdrängte.
Frisch erinnert in seinem Stück an diese Zeit und zeigt, wie die menschliche Neigung, in Vorurteilen zu denken und entsprechend zu handeln, zu Hass, Gewalt und Vernichtung des andern führt sowie mit Schuldverdrängung verbunden ist. Das historische Problem, auf das er sich bezieht, der Antisemitismus, ist auch heute noch gesellschaftlich und politisch von Bedeutung. Aber dieses Problem ist für Frisch darüber hinaus ein Beispiel für Zusammenhänge, die unseren täglichen Umgang mit anderen Menschen betreffen und deshalb immer aktuell sind:

- Wir machen uns, wie Frisch sagt, „Bildnisse" von unseren Mitmenschen und zwingen sie dadurch in Rollen, die ihrem Wesen nicht gemäß sind.
- Wir entwickeln oft Vorurteile gesellschaftlichen Minderheiten gegenüber, die diese diskriminieren. Man denke z. B. an Gastarbeiter, Aussiedler, Asylbewerber, Angehörige anderer Rassen und Religionen.
- Wir sehen dabei oft diejenigen Eigenschaften, die uns an uns selbst stören, in die andern hinein und benutzen diese als „Sündenbock".
- Wir sind meist nicht bereit, die Unsinnigkeit dieser Vorurteile zu erkennen, da deren Wurzeln im Bereich der Affekte liegen. Wir erkennen nicht, dass diese Vorurteile oft der erste Schritt auf einem Wege sind, der zu Gewalt und Vernichtung des andern führen kann.
- Wir sind meist nicht willens, uns mit unserm schuldhaften Verhalten auseinanderzusetzen, sondern verdrängen es lieber und laden so neue Schuld auf uns.

Frisch will mit seinem Drama zur Überwindung von Klischees und Feindbildern auffordern, die nicht nur den andern in seinem Wesen vergewaltigen, sondern auch darüber hinaus das Zusammenleben der Menschen erschweren oder sogar unmöglich machen können.

Aufbau und Inhalt

Aufbau und Inhalt
→ Ort: fiktiv, nicht der Pyrenäenstaat. → Zeit: nicht näher angegeben, jede Zeit ist möglich. → Thematik: Schicksal des jungen Andri, eines unehelichen Kindes, der seine Herkunft nicht kennt, von seinen Landsleuten als Jude angesehen wird, diese Identität schließlich akzeptiert und als Jude von ihnen umgebracht wird. → Aufbau: Einteilung der Handlung in zwölf Bilder und neun kurze Vordergrundszenen. → Zwei Hauptteile: Andri will sich wie ein Andorraner verhalten, scheitert aber an den Vorurteilen seiner Landsleute (Bilder 1–6); Andri nimmt die ihm aufgezwungene Identität an (Bilder 7–12).

Die Fabel

Frischs Stück spielt zu einer nicht näher angegebenen Zeit in Andorra, einem erdachten Staat, der nach dem Willen des Verfassers keinen Bezug zum gleichnamigen Kleinstaat in den Pyrenäen oder zu irgendeinem andern konkreten Kleinstaat hat. Frisch führt das Schicksal des jungen Andri vor. Dieser ist das uneheliche Kind des andorranischen Lehrers Can und der „Senora“ aus dem Nachbarland Andorras, dem Land der „Schwarzen“, von dem sich die Andorraner zur Geschehenszeit bedroht fühlen. Andris wahre Herkunft ist aber weder ihm selbst noch den Andorranern bekannt. Sein Vater gab ihn als jüdisches Kind aus, das er aus dem Land der Schwarzen vor dem sicheren Tod gerettet habe. Die Andorraner sehen infolgedessen in Andri den Juden, von dessen Art und Verhalten sie feste Vorstellungen haben, an denen sie festhalten. Unter dem Zwang dieser an ihn herangetragenen Vorurteile nimmt Andri nach anfänglicher Gegenwehr allmählich die von ihm erwarteten „jüdischen“ Verhaltensweisen an. Er sieht sich in seinem angeblichen Judesein auch bestätigt, als ihm Can die Heirat mit seiner Tochter Barblin verweigert, von der Andri nicht weiß, dass sie seine Halbschwester ist. So akzeptiert er schließlich seine neue Identität und rückt von ihr auch

nicht ab, als er nach einem Besuch der Senora, seiner Mutter, die Wahrheit erfährt.
Als die Senora durch einen Steinwurf getötet wird und die Schwarzen deshalb in Andorra einrücken, geben die Andorraner Andri die Schuld an der Ermordung der Senora. Der Lehrer bezeugt jetzt zwar die Wahrheit, aber ihm glaubt niemand mehr. Andri wird als Jude herausgefunden, geht dem Tod entgegen, der Lehrer erhängt sich, und Barblin wird wahnsinnig.

Aufbau

Frisch hat das Geschehen in zwölf Bilder eingeteilt, in denen Andris Entwicklung zum typischen „Juden" bis zu seiner Festnahme durch die Schwarzen vorgeführt wird. (Zum Aufbau siehe auch die Grafik S. 11.) Die Vorgeschichte wird in den Gesprächen allmählich mitgeteilt. Unterbrochen wird das Geschehen durch kurze Vordergrundszenen, in denen

Vordergrundszenen

- jeweils ein Andorraner nach den Ereignissen, also in einer Art Rückblende, an eine Zeugenschranke tritt und in einem Monolog seine Schuldlosigkeit beteuert (nach den Bildern 1, 2, 3, 6, 7, 9, 11),
- der Lehrer sich während des Geschehens mit Andris Mutter, der Senora, unterhält (nach dem 8. Bild),
- nach der Invasion zwei schwarze Soldaten stumm hin und her patrouillieren (nach dem 10. Bild).

Hauptteile

Das Gesamtgeschehen lässt sich in zwei Hauptteile gliedern:

- In den ersten sechs Bildern wird vorgeführt, wie Andri sich „normal", also wie ein Andorraner, verhalten will, wie er aber dabei an den Vorurteilen der Andorraner scheitert, die in ihm einen typischen „Juden" sehen wollen.
- In den Bildern 7–12 wird aufgezeigt, wie er die ihm aufgezwungene Rolle des „Juden" widerstrebend annimmt und wie er schließlich von den Schwarzen verhaftet wird.

Aufbau und Inhalt des Dramas

Bild	Handlung, Geschehen Geschehenszeit	Zeugenaussagen im Vordergrund, Gegenwart des Zuschauers	Bedeutung
1	Barblin weißelt Angst der Andorraner vor den „Schwarzen" Streit Andris mit dem Soldaten	Der Wirt (24): Schuldlosigkeit	Andri versucht seine Identität zu verwirklichen: Ablehnung durch die Gesellschaft
2	Liebesszene Andri-Barblin Selbstzweifel Andris	Der Tischler (29): Schuldlosigkeit	
3	Scheitern der Lehrlingsprobe Andris beim Schreiner: erster Schlag für Andri	Der Geselle (36): Schuldlosigkeit Andris Mitschuld	
4	Untersuchung Andris durch den Doktor Ablehnung einer Heirat mit Barblin durch den Lehrer Can		
5	Gewissenskonflikt Cans Monolog über die Wahrheit		
6	Abweisung Cans durch Andri Vergewaltigung (?) Barblins durch den Soldaten	Soldat (55): Bestreiten der Schuld, Andri doch Jude?	
7	Gespräch des Paters mit Andri, sich anzunehmen Zusammenbruch Andris	Pater (62): Anerkennung einer Teilschuld	Andri nimmt das ihm aufgezwungene Bildnis an: Vernichtung durch die Gesellschaft
8	Ankunft der Senora Verprügelung Andris durch Soldaten	Gespräch Can-Senora (72f.)	
9	Gespräch Andri-Senora Abschied und Tod der Senora Zweites Gespräch des Paters mit Andri	Jemand (83): Schuld unklar Man soll vergessen	
10	Invasion der „Schwarzen" Gespräch Andri-Lehrer Identifizierung Andris mit Juden	Soldatenpatrouille der „Schwarzen" (90)	
11	Gespräch Andris mit Barblin Verhaftung Andris	Doktor (96): Bedauern, Schuldlosigkeit	
12	Judenschau Ermordung Andris, Selbstmord Cans Wahnsinn Barblins		

Gang der Handlung

Das erste Bild

Das erste Bild	
	➞ Das erste Bild erfüllt die Anforderungen des ersten Akts im klassischen Drama, hat also die Funktion der Exposition. Der Zuschauer erhält Informationen über den Ort des Geschehens und die Verhältnisse in Andorra. ➞ Es werden die Personen vorgestellt, die das Geschehen tragen. Die einzelnen Andorraner – außer dem Doktor – erscheinen nacheinander und unterhalten sich miteinander. ➞ Der Zuschauer erkennt die mit diesen Personen verbundenen Konflikte, die zwar erst später ausbrechen, sich aber jetzt schon als Spannungen andeuten.

Konflikte

Die Konflikte betreffen verschiedene Bereiche, die miteinander zusammenhängen:

- den politischen Bereich (Spannung zwischen Andorra und dem Nachbarstaat, den Schwarzen);
- den gesellschaftlichen Bereich (Spannungen zwischen den Andorranern und Andri, dem „Sohn“ des Lehrers, sowie zwischen den Andorranern und dem Lehrer);
- den persönlichen Bereich (Spannungen zwischen dem Soldaten und Barblin, der Tochter des Lehrers, zwischen dem Soldaten und Andri sowie in Andri selbst).

Schauplatz

Schauplatz des Geschehens ist der Platz von Andorra, dem Staat, dessen Vorzüge und Nachteile der Pater beschreibt: „Unsre Täler sind eng, unsre Äcker sind steinig und steil […]. Andorra ist ein schönes Land, aber ein armes Land. Ein friedliches Land, ein schwaches Land – ein frommes Land […].“ (12) Die Bewohner achten die kirchlichen Bräuche: Anlässlich des „Sanktgeorgstags“ (10) beteiligen sie sich an der Prozession, wollen ein „schneeweißes Andorra“ haben (11) und lassen deshalb ihre Häuser durch ihre Töchter weißeln. Dies geschieht auch mit dem Haus des Lehrers Can, und zwar durch seine Tochter Barblin. Mit ihr unterhält sich der Soldat,

Bräuche

Barblin

der es auf sie abgesehen hat und ihr deshalb ungeniert die Frage stellt: „Wo hast du deine Kammer?“ (Ebd.) Sie verteidigt sich zwar mit dem Hinweis, verlobt zu sein, wagt jedoch nicht, Andri als ihren Verlobten zu nennen, da sie befürchten muss, der Soldat werde ihn als Juden und als Küchenjungen verachten.

Angst

Das Motiv der Angst vor den Schwarzen durchzieht das gesamte erste Bild und beeinflusst sowohl den gesellschaftlichen als auch den persönlichen Bereich. Im Gespräch mit dem Pater will Barblin wissen, ob es „wahr“ sei, „was die Leut sagen“: „Sie werden uns überfallen, die Schwarzen da drüben, weil sie neidisch sind auf unsre weißen Häuser.“ (11)

Vernichtung der Juden

Es ist den Andorranern auch bekannt, dass die „Schwarzen“ die Juden vernichten, seit der Lehrer Andri sie vor ihnen gerettet hat, als sie es „trieben wie beim Kindermord zu Bethlehem“ (12). Deshalb ist Barblin jetzt um Andri besorgt und fragt den Pater, ob es wahr sei, dass „jeder, der Jud ist, auf der Stelle geholt“ wird (13). Frisch verweist hier schon auf Andris späteres Schicksal und deutet auch das von Barblin an, wenn er sie weiterfragen lässt: „Und wenn er eine Braut hat, die wird geschoren, sagen sie, wie ein räudiger Hund.“ (Ebd.)

Atmosphäre der Bedrohung

Die Angst vor den „Schwarzen“ drückt sich auch in Bemerkungen aus, mit denen die Andorraner die Atmosphäre kennzeichnen. Pater und Soldat fürchten einen „Platzregen“. Der „saut“, wie der Soldat sagt, „euch jedesmal die Tünche herab, als hätte man eine Sau drauf geschlachtet“ (11). Der Jemand sagt: „Es hängt ein Gewitter in der Luft“ (13) und meint nur vordergründig „ein schweres Gewitter, dem Land tät's gut“ (14). Diese Angst vor den „Schwarzen“ wird zwar vom Pater verdrängt, wenn er fragt: „Warum sollen sie uns überfallen?“, aber sie hat schon zu konkreten Maßnahmen geführt: Die Prozession wird von „aufgepflanzten Bajonetten“ begleitet (18), Durchhalteparolen sind offensichtlich ausgegeben worden: Der Soldat will „lieber tot als Untertan“ sein und „bis zum letzten Mann“ kämpfen (19). Der offene Antisemitismus der „Schwarzen“ hat im verborgenen Antisemitismus der Andorraner seine – vorerst harmlose – Entsprechung. Andri ist als Küchenjunge beschäftigt, will aber Tischler werden, was den andorranischen Tischler wundert: „Tischler werden, das ist

Antisemitismus der Andorraner

nicht einfach, wenn's einer nicht im Blut hat." (14) Auch der Wirt hat nichts gegen Andri, aber er hält ihn für „eine Ausnahme" (16), das heißt, er ist für ihn zwar ein Jude, verhält sich aber nicht so negativ, wie es die andern Juden seiner Ansicht nach tun. Der Soldat dagegen verzichtet auf diese Rücksichten, die der Wirt nimmt, und stellt kurz und brutal fest: „Ich bin Soldat [...], und du bist Jud." (20)

Der Lehrer Can

Der Lehrer durchschaut die Haltung der Andorraner. Er weiß ja, dass Andri sein Sohn und kein Jude ist, hat dies aber noch nicht zu sagen gewagt. Sein Zustand – er ist betrunken – weist darauf hin, dass er Probleme hat; sein Verhalten – er beteiligt sich nicht an der Prozession, sondern „geht in die Pinte" (18) – zeigt seine Verachtung der Andorraner und ihrer frommen Bräuche.

Geld für die Tischlerlehre Andris

Es ist für den Lehrer schwierig, seinem Sohn die von diesem gewünschte Tischlerlehre zu bezahlen. Der Tischler will Andri, weil er für ihn Jude ist, lieber als „Makler" sehen oder „zur Börse" schicken (14) und verlangt deshalb mehr Geld für die Lehre, als der Lehrer bezahlen kann. Der Wirt nutzt daraufhin die Geldnot des Lehrers aus, um ihm sein Land weit unter Preis abzukaufen. Der Lehrer kommentiert das Argument des Tischlers, Andri habe das Handwerk „nicht im Blut": „Sie werden ihr eigenes Blut noch kennenlernen." (16) Offensichtlich hat er vor, die Vorurteilsbefangenheit der Andorraner zu entlarven, indem er ihnen die Wahrheit über Andri sagt.

Der Pfahl

Während seines Gesprächs mit dem Wirt hat er eine Vision: Er sieht einen Pfahl vor sich (14, 15, 16). Die Andorraner sehen diesen Pfahl nicht. Damit deutet Frisch Andris späteres Schicksal symbolisch voraus. Während seiner Verhandlungen mit dem Tischler macht der Lehrer die Wahrheit über Andris Herkunft durch einen Versprecher deutlich, den die Zuschauer zu diesem Zeitpunkt allerdings noch nicht durchschauen können: „Nämlich es handelt sich um meinen Sohn [...] – um meinen Pflegesohn, meine ich." (14) Damit wird auch Andris problematisches Verhältnis zu Barblin schon angedeutet. Dies geschieht auch im Dialog Andris mit dem Soldaten:

Verhältnis Andri – Barblin

„SOLDAT Wo ist sie?
ANDRI Wer?

SOLDAT Deine Schwester.
ANDRI Ich habe keine Schwester." (19)

Andri ist glücklich, dass er Tischler werden kann, weil damit die Voraussetzungen zu einer Heirat mit Barblin für ihn gegeben sind. Im letzten Teil des Bildes muss er sich allerdings vom betrunkenen Soldaten demütigen lassen. Dieser sagt Andri unverblümt, er habe „ein Aug auf sie" geworfen (19), kränkt ihn mit primitiven antisemitischen Klischees, demütigt ihn, indem er ihn zu Fall bringt und ihm Geld aus der Hand schlägt (vgl. 20 f.), und beleidigt mit obszönen Worten seine Gefühle für Barblin (vgl. 22). Auch dieses Verhalten hat vorausdeutenden Charakter: Später vergewaltigt er Barblin vermutlich und ist an Andris Tod beteiligt.

Demütigung Andris

Nach diesem Bild erkennt der Zuschauer zum ersten Mal, dass das vorgeführte Geschehen der Vergangenheit angehört: In der ersten Vordergrundszene verlässt der Wirt die damalige Zeit – er trägt keine Schürze – und äußert sich in der Gegenwart des Zuschauers rückblickend über das damalige Geschehen. Er versucht es zu erklären und beteuert seine Schuldlosigkeit in Bezug auf Andris Ermordung durch die „Schwarzen". Diese Tat wird allerdings noch nicht konkret erwähnt.

Der Wirt an der Zeugenschranke

Das zweite Bild

Das zweite Bild

- Die Bilder zwei bis sechs vertiefen und präzisieren die im ersten Bild angedeuteten Konflikte.
- Sie führen vor, wie Andri durch das an ihn herangetragene Bild des Juden zunehmend verunsichert wird.
- Er bemüht sich um Einordnung in die andorranische Gesellschaft, die ihn nicht so annehmen will, wie er ist.

Im zweiten Bild werden die Auswirkungen des Verhaltens der Andorraner in seinem persönlichen Bereich vorgeführt: Seine Beziehung zu Barblin ist betroffen. Dies lässt die Eingangssituation erkennen: Andri sitzt mit Barblin „auf der Schwelle" ihrer Kammer (25). Sie wirbt um ihn, gesteht ihm ihre Liebe und beteuert, dass sie nicht „an die andern" denkt, wenn er sie küsst (27).

Andris Beziehung zu Barblin

Andri kann jedoch Barblins Wunsch nach Zärtlichkeit nicht erfüllen. Er ist innerlich zerrissen und überlegt,

Andris Reflexion

„ob's wahr ist, was die andern sagen" (ebd.), dass er anders sei als die Andorraner – was er nicht sein will. Barblin will nicht weiter über Andris Problem reden, schweigt, reagiert aber kurz, als Andri sie fragt, ob sie den Soldaten Peider kenne, der „ein Aug" auf sie geworfen habe (28).

Barblins Reaktion

In der folgenden Vordergrundszene tritt der Tischler an die Zeugenschranke und fragt: „Wieso wollte er nicht Verkäufer werden?" (29) Wie der Wirt, so fühlt auch er sich schuldlos am späteren Geschehen.

Der Tischler an der Schranke

Das dritte Bild

Das dritte Bild	
	➟ Der Schauplatz ist die Werkstatt des Tischlers, bei dem Andri eine Lehre angetreten hat. ➟ Das Bild zeigt die Auswirkungen der Vorurteile Andri gegenüber an dessen Arbeitsplatz. ➟ Andri wird beschuldigt, schlampig zu arbeiten. Da der Geselle aus Feigheit nicht die Wahrheit sagt, wird Andri entlassen.

Andris Optimismus

Anfangs freut sich Andri, weil der Geselle ihn in die Fußballmannschaft des Dorfes aufnehmen will, da dies für ihn ein Zeichen wäre, dass sie ihn als einen der ihren ansehen würden. Er ist auch zuversichtlich wegen seiner „Lehrlingsprobe" (31), da er seinen ersten Stuhl sorgfältig nach den Anweisungen des Meisters gearbeitet hat. Aber der Meister wiederholt schon vor der Prüfung von Andris Arbeit sein bekanntes Vorurteil, dass Andri als Jude das Tischlern „nicht im Blut" (ebd.) haben könne. Dann untersucht er, obwohl ihn Andri mehrmals auf seinen „Irrtum" hinweist, den falschen Stuhl, den des Gesellen, und stellt dessen nachlässige Verarbeitung fest. Dagegen lobt er den von Andri hergestellten soliden Stuhl, spricht diesen aber dem Gesellen zu, der aus Feigheit die Wahrheit verschweigt. Andri kann dieses groteske und unverschämte Verhalten des Tischlers nicht ertragen und sagt ihm ohne Rücksicht die Wahrheit: „Sie sitzen auf meinem Stuhl […], Sie lügen, wie's Ihnen grad paßt […], Sie machen sich nichts aus Beweisen […]." (33) So hat der Meister selbst dafür gesorgt, dass seine Vorurteile zutreffen. Aber Andris Tischlerleh-

Vorurteil des Tischlers

re ist beendet. Der Meister will Andri nicht mehr in der Werkstatt, sondern in der Buchhaltung beschäftigen und ihm zeigen, „wie man Bestellungen schreibt" (34). In der folgenden Vordergrundszene gibt der Tischlergeselle seine Feigheit in Bezug auf den Stuhl zwar zu, verweist aber tadelnd auf Andris ablehnendes Verhalten nach diesem Vorkommnis. Er gibt Andri selbst einen Teil der Schuld am späteren Geschehen und beteuert seine eigene Unschuld.

Der Geselle an der Schranke

Das vierte Bild

	Das vierte Bild
➡ Der schwelende Konflikt zwischen Andri und dem Lehrer bricht aus. ➡ Der Lehrer verweigert Andri Barblin. ➡ Das Bild lässt sich in zwei Teile gliedern (die Untersuchung Andris durch den Doktor und das Gespräch des Lehrers mit Andri).	

Die erste Teilszene dient dazu, dem Leser die Beschränktheit, Voreingenommenheit und Taktlosigkeit des Doktors vor Augen zu führen. Dieser beschreibt zuerst das Verhalten Cans als „junger Lehrer, der die Schulbücher zerreißt" und „andre haben" wollte (37), weil er für die Wahrheit eintrat. Anschließend betont er seine Weltkenntnis einerseits und Heimatliebe andererseits. Weil er nicht weiß, dass Andri als Jude gilt, äußert er sich vorurteilsbefangen und fast hasserfüllt über die Juden, die schon „auf allen Lehrstühlen in der Welt" sitzen und wegen deren „Ehrgeiz" ein „schlichter Andorraner" wie er den Kürzeren ziehen und in die Heimat zurückkehren musste (39 f.).

Der Doktor

Vorurteile über die Juden

Andri erträgt dieses Geschwätz nicht und geht weg. Darauf sagt die Mutter dem Doktor, dass Andri „Jud" sei. Der Doktor entschuldigt sich zwar und behauptet, „im Spaß" (41) gesprochen zu haben, sagt aber andererseits: „Die Wahrheit wird man in Andorra wohl noch sagen dürfen …" (Ebd.) Daraufhin wirft ihn der heimkehrende Lehrer aus dem Haus.

Den Lehrer beschäftigt diese Begegnung noch im zweiten Teil der Szene. Er kennzeichnet des Doktors Unfähigkeit, Ehrgeiz und Titelsucht. Dann will er „von Mann zu Mann“ (42) mit Andri reden. Er fordert ihn auf, nicht zu glauben, was die Andorraner über ihn als Juden reden: „Denk dir, es ist nichts dran“ (43), aber er versäumt diese letzte Gelegenheit, ihm ohne Druck der Umstände die Wahrheit zu sagen. Deshalb reagiert er entsetzt, als ihn Andri bittet, Barblin heiraten zu dürfen.

Unverständnis der Familie

Da Andri glauben muss, dass er und Barblin „gar nicht Bruder und Schwester sind“ (44), und auch die Mutter dies in Unkenntnis der Wahrheit meint, verstehen beide die schroffe Ablehnung durch den Lehrer nicht, zumal sie ohne Begründung bleibt. Andri ist in seinem Fühlen und Denken durch seinen Wissensstand und auch durch das vorangegangene Geschehen so festgelegt, dass er andere als rassistische Gründe nicht erkennen kann. Er begründet die Ablehnung durch den Lehrer: „Weil ich Jud bin“ (45) und sieht seinen bisher bewunderten „Pflegevater“ als einen Heuchler, der öffentlich gegen Vorurteile kämpft, diese aber nicht überwinden kann, wenn er selbst betroffen ist. Als die Mutter weiterhin uneinsichtig bleibt, verliert Can die Beherrschung, setzt sich gegen die ihm und seinem Sohn überall entgegentretenden Vorurteile zur Wehr, nennt jedoch weiterhin nicht seine Gründe, die ihn bewegen, den Heiratswunsch Andris so schroff abzulehnen: Er muss dagegen sein, um den drohenden Inzest zu verhindern, und wird dadurch zum unfreiwilligen Gegenspieler seines Sohnes. Dann geht er in die Kneipe, um im Alkohol seine „Ruh“ (46) zu finden.

Andris Missverständnis

Reaktion Cans

Das fünfte Bild

Das fünfte Bild	
	→ Dieses kürzeste Bild des Stücks schließt unmittelbar an das vierte an. → Der Zuschauer erfährt vom Lehrer, dass Andri dessen leibhaftiger Sohn und kein Jude ist.

Die Wahrheit

Die Exposition wird um eine weitere wichtige Information ergänzt, die sich der Zuschauer aber aus den bisherigen Andeutungen schon denken konnte. Angetrunken bekennt der verzweifelte Lehrer die Wahrheit: Er hat früher gelogen, hatte vor, später die Wahrheit zu sagen, hat die Gelegenheit dazu aus Feigheit immer wieder ver-

streichen lassen und ist jetzt, nach Andris Heiratswunsch, unglaubwürdig geworden. Er weiß, was jetzt alle denken: „Auch einem Judenretter ist das eigne Kind zu schad für den Jud.“ (47)
Als der Jemand ihn über neue Drohungen der „Schwarzen“ informiert, geht der Lehrer in die Kneipe hinein, um seine Ruhe zu haben.

Das sechste Bild

Das sechste Bild

- Das sechste Bild stellt einen ersten Höhepunkt des Geschehens dar.
- Frisch lässt zwei Handlungsstränge parallel ablaufen:
  - Der Soldat verschafft sich über den schlafenden Andri hinweg Eintritt zu Barblin und vergewaltigt sie vermutlich.
  - Der betrunkene Lehrer erscheint und beteuert Andri, er sei sein Vater, was Andri ihm nicht glaubt.

Barblins mutmaßliche Vergewaltigung

Andri „schläft allein auf der Schwelle“ zu Barblins Kammer. Der Soldat kommt, steigt über ihn hinweg und geht in die Kammer. „Barblin will schreien“ (49), aber der Soldat hält ihr den Mund zu. Dies lässt darauf schließen, dass sie vergewaltigt wird.

Andris neues Selbstbewusstsein

Andri erwacht und bekennt sich in einem kurzen Monolog zu seiner Außenseiterposition: Er schleicht „nicht länger herum wie ein bettelnder Hund“ (ebd.), sondern er hasst die Andorraner und hat einen Plan: Er hat Geld gespart, will Barblin heiraten und mit ihr auswandern, in „eine andre Welt, wo niemand uns kennt“ (50). Kraft zu diesem selbstbewussten Verhalten schöpft er aus der Liebe zu Barblin.

Cans Bekenntnis

In diesem Augenblick kommt der Lehrer aus der Kneipe. Er ist angetrunken und will Andri die Wahrheit über seine Herkunft sagen. Deshalb nennt er ihn seinen „Sohn“, der ihm sein „Leben“ verdanke (52), und bekennt: „Ich hab gelogen.“ (53)
Andri will und kann diese Aussagen nur im übertragenen Sinne verstehen – nicht zuletzt wegen seiner Liebe zu Barblin. Er sagt, dass er früher den Lehrer wegen seines Mutes, sich eines Juden anzunehmen und für die Wahrheit einzutreten, bewundert habe. Jetzt aber hasse er ihn als Heuchler und verachte ihn in seiner Betrun-

Andris Verachtung des Lehrers

kenheit. Der Lehrer nimmt noch verschiedene Anläufe zu seinem beabsichtigten Geständnis, resigniert aber vor Andris Schroffheit und Unzugänglichkeit und lässt sich von ihm wegschicken.

Andri und der Soldat

Andri wird dann wegen Barblins verriegelter Tür misstrauisch. Er versucht sie gewaltsam zu öffnen. In diesem Augenblick wird sie von innen geöffnet, und der Soldat steht „im Rahmen [...] barfuß, Hosen mit offenem Gurt, Oberkörper nackt" (54). Andri meint zu erkennen, was geschehen ist, will es aber nicht glauben. Mit der Zerstörung seiner Liebe zu Barblin hat er den letzten Halt, den letzten Bezug zur Gesellschaft verloren.

Der Soldat an der Schranke

In der folgenden Vordergrundszene erscheint der Soldat an der Zeugenschranke. Er gibt zu, dass er Andri nicht leiden konnte, und beteuert, nur seine Pflicht getan und Andri nicht getötet zu haben. Er glaubt „noch heut", dass Andri Jude gewesen sei (55).

Das siebte Bild

Das siebte Bild	
	➞ Die Bilder sieben bis zwölf führen vor, wie Andri die ihm von den Andorranern aufgezwungene Rolle schließlich akzeptiert und darauf beharrt. ➞ Das siebte Bild hat in diesem Zusammenhang eine besondere Funktion. ➞ Das für Frisch zentrale Bildnisproblem wird angesprochen. ➞ Der Zuschauer erfährt die Umstände, die Andri zur Annahme seiner Rolle als Jude veranlassen.

Absicht des Paters

Das Bild spielt in der Sakristei. Die Mutter, die Frau des Lehrers, hat den Pater gebeten, Andri zur Annahme seiner selbst, seines Andersseins zu bewegen. Anfangs verhält er sich den Gesprächsversuchen des Paters gegenüber zurückhaltend. Dann aber spricht er über sein Problem: Er zeigt auf, wie ihn die Andorraner, entsprechend ihren Vorstellungen und Vorurteilen, in die Rolle des Juden pressen und wie er allmählich denken muss, „ob's wahr ist, was die andern von mir sagen: daß ich nicht bin wie sie [...]" (57). Aber noch meint er: „Ich bin nicht anders. Ich will nicht anders sein." (58)

Verhalten Andris

Der Pater antwortet zuerst mit Floskeln: „Ich verstehe

deine Not. Aber du sollst wissen, daß wir dich gern haben, Andri, so wie du bist." (56) Dann aber hebt er noch deutlicher Andri aus der Gemeinschaft der Andorraner heraus: „Du bist gescheiter als sie." (58) Ebenso wie die andern Andorraner hat auch er Vorurteile, wenn auch positive, und er will Andri zur Annahme seines Andersseins bewegen: „Warum willst du sein wie die andern? [...] Du bist nun einmal anders als wir." (60)

Vorurteile des Paters

Aber für Andri ist dieses Anderssein, auch wenn er es als positiv empfinden soll, mit Diskriminierung und Verlust verbunden. Weil er Jude ist, verweigert ihm seiner Ansicht nach der Lehrer Barblin. Andere Gründe kann er nicht erkennen. Als ihn dann der Pater im Gespräch nicht mehr als Person anredet, sondern ihn in die Gruppe der Juden einordnet, kommt es zu Andris „Zusammenbruch" (59). Er will gehen, und der Pater, der sein Messgewand anlegt, also auch äußerlich seine Rolle als Amtsperson dokumentiert, entlässt ihn nach eindringlichen Appellen, doch endlich sein Anderssein anzunehmen und sich zu seinem Judesein zu bekennen.

Zusammenbruch Andris

In der folgenden Vordergrundszene tritt der Pater auf. Im Gegensatz zu den anderen Andorranern kniet er, und als Einziger bekennt er sich – vor Gott – zu seiner Mitschuld am Geschehen, an Andris Leiden und Tod. Er zitiert das Bildnisverbot aus den Zehn Geboten und formuliert damit die Kernproblematik des Dramas.

Der Pater an der Schranke

Das achte Bild

Das achte Bild

- Das Auftreten der Senora bringt ein neues Spannungselement ins Geschehen.
- Obwohl sie eine „Schwarze" ist, gewährt ihr der Wirt Unterkunft.
- Er begründet dies mit dem „Gastrecht der Andorraner", das es „noch" gebe .
- Andri wird verprügelt.

Die Andorraner, der Doktor, der Tischler, der Soldat und der Jemand, protestieren dagegen, eine „von drüben" (ebd.), eine „Spitzelin", zu beherbergen, und unterhalten sich über die politische Situation. Der Soldat wiederholt seine aus dem ersten Bild bekannten Durchhaltepa-

Verhalten der Andorraner

rolen, der Doktor beteuert wieder einmal seine Heimatliebe, wegen der er „auf alle Lehrstühle der Welt" (63) verzichtete, und beruhigt sich und die andern bezüglich eines Überfalls der „Schwarzen". Er weist auf die Beliebtheit Andorras hin und bezeichnet es als „Hort des Friedens und der Freiheit und der Menschenrechte" (64), als „Volk ohne Schuld", das anzugreifen sich die „Schwarzen" nicht leisten können, da „die ganze Welt uns verteidigen würde" (66).

Verklärung Andorras

Auf das Stichwort vom „Volk ohne Schuld" erscheint Andri. Er wirft wieder sein Geld ins Orchestrion und provoziert den Soldaten, der ihn mit Hilfe seiner Kameraden heimtückisch zusammenschlägt. Andri wird verletzt, und die Senora, die in der Zwischenzeit an einem Tisch Platz genommen hat, kümmert sich um seine Verletzungen und bittet ihn, sie zu seinem Vater zu führen.

Andris Misshandlung

Der Wirt hat gesehen, wie die Soldaten Andri misshandelten, wird aber vom Doktor aufgefordert, nicht „soviel in der Welt herum" zu „schwatzen". Nach dessen Ansicht legen es die Juden darauf an, „daß man ihnen ein Unrecht tut" (ebd.).

Verhalten des Wirts

In der Vordergrundszene wird zum ersten Mal die Geschehenszeit nicht verlassen und auch kein sich rechtfertigender Andorraner vorgeführt, sondern die damalige Unterhaltung des Lehrers mit der Senora vor seinem Haus. Beide unterhalten sich über ihre gemeinsame Schuld. Sie waren zur Zeit von Andris Geburt und später zu feige, sich zu ihrem unehelichen Kind zu bekennen. Darüber hinaus ließ sich der Lehrer noch als jemand feiern, der „zur Zeit der großen Morde ein Judenkind gerettet habe" (72). Er verspricht der Senora, den Andorranern zu sagen, dass Andri „unser Sohn, ihr eigenes Fleisch und Blut" sei, stellt aber die skeptische und für das folgende Geschehen bedeutsame Frage: „Und wenn sie die Wahrheit nicht wollen?"

Gespräch Senora – Can im Vordergrund

Schuld

Versprechen, die Wahrheit zu sagen

Das neunte Bild

	Das neunte Bild
→ Das neunte Bild bringt den inneren und den äußeren Wendepunkt des Dramas. → Der Pater versucht vergeblich, Andri die neue Wahrheit über seine Herkunft beizubringen. → Die Senora wird ermordet. Damit haben die „Schwarzen" den Anlass zur lange geplanten Invasion.	

Abschied der Senora

Zu Beginn der Szene, die für Frisch „die wichtigste Szene des Stücks" ist, verabschiedet sich die Senora von Andri. Er bewundert sie, möchte sie wiedersehen und geleitet sie noch ein Stück Weges zum Bahnhof. Sie gibt ihm keine Auskunft über ihre Identität und seine Herkunft, macht nur einige Andeutungen in dieser Hinsicht: „Die Wahrheit wird sie [die Andorraner] richten, und du, Andri, bist der einzige hier, der die Wahrheit nicht zu fürchten braucht." (74) Vorbeugend versucht sie auf allgemeiner Ebene, bei Andri Verständnis für ihr und Cans damaliges Verhalten zu wecken: „Wir wollten keine Angst haben vor den Leuten. [...] Wir wollten nicht lügen." (75) Andri versteht aber nicht, was sie meint. Zum Abschied schenkt sie ihm einen Ring.

Hinweis auf die Wahrheit

Auch Can sagt Andri nicht die Wahrheit über seine Herkunft. Da er meint, Andri glaube ihm nicht mehr, hat er den Pater beauftragt, Andri zu sagen, dass er des Lehrers Sohn und somit kein Jude, sondern Andorraner ist. Die Mutter beschreibt die „schwere Aufgabe" des Paters: „Hochwürden haben unserm Andri erklärt, was das ist, ein Jud, und daß er's annehmen soll. Nun hat er's angenommen. Nun müssen Hochwürden ihm sagen, was ein Andorraner ist, und daß er's annehmen soll." (76)

Aufgabe des Paters

Der Pater tut sich tatsächlich schwer mit seiner Aufgabe. Pathetisch sagt er, er sei gekommen, Andri „zu erlösen" (78). Bis vor kurzem habe auch er an die „christliche Tat" (79) des Lehrers geglaubt, aber jetzt wisse er, dass die Senora Andris Mutter, der Lehrer dessen Vater und Andri selbst kein Jude sei. Aber Andri weigert sich, diese „Wahrheit" (ebd.) zu glauben: „Euch habe ich ausgeglaubt" sagt er und fragt: „Wie viele Wahrheiten habt ihr?" (Ebd.) Er kann nicht mehr die Rolle verlassen, in die ihn die Andorraner – einschließlich des Paters – hin-

Ablehnung der Wahrheit durch Andri

eingedrängt haben, und sagt, man fühle es, „ob man Jud ist oder nicht" (ebd.). Er, der im siebten Bild zurückhaltend und verstört reagierte, sagt dem sich „hilflos" setzenden Pater in einem längeren Gefühlsausbruch, dass er jetzt so sei, wie die andern ihn sehen wollten, nämlich „anders" (80). Auf des Paters Rat hin habe er sich so angenommen, wie die anderen meinten, dass er sei, und jetzt sei es an „Hochwürden, Euren Jud anzunehmen." (Ebd.) Andri hat sich von allen Bindungen losgesagt, kennt „keine Schwester und keine Braut" (ebd.) und sieht sein Schicksal voraus: Vor den „guten Augen" des Paters werde er geholt, und der Pater werde zum „Verräter" (81).

Ermordung der Senora

In diesem Augenblick kommt der Lehrer ins Zimmer mit der Nachricht, die Senora sei mit einem Stein getötet worden und Andri gelte nach der Zeugenaussage des Wirtes als der Täter. Er stellt fest, dass der Pater Andris Anwesenheit im Zimmer zur Tatzeit bezeugen könne.

Der Jemand an der Schranke

Im Vordergrund tritt dann der Jemand an die Zeugenschranke. Er meint, es sei nicht „erwiesen, wer den Stein geworfen" habe (83), er wolle niemand beschuldigen. Andri tue ihm leid, aber man müsse „auch vergessen können" (ebd.).

Das zehnte Bild

Das zehnte Bild	
	➟ Auf dem leeren Platz von Andorra findet die letzte Auseinandersetzung zwischen Andri und seinem Vater statt. ➟ Die „Schwarzen" übernehmen die Macht in Andorra.

Letztes Gespräch Cans mit Andri

Die Andorraner haben sich in ihren Häusern versteckt. Der Lehrer sagt seinem Sohn, dass die „Schwarzen" einmarschiert seien. Andri ist nicht überrascht: Es ist für ihn „genau so, wie man es sich hätte vorstellen können" (86). Während aus den Propaganda-Lautsprechern der „Schwarzen" Beschwichtigungsparolen dröhnen und in Andorra weiße Fahnen gehisst werden, sprechen Andri und sein Vater miteinander.

Die Wahrheit über Andri

Mittlerweile hat der Lehrer den Andorranern die Wahrheit über Andri gesagt. Er bekennt sich dazu, damals

„Angst vor Andorra“ gehabt zu haben (87), und schreit jetzt „gegen die Häuser“ (ebd.), dass er feige war. Er weist Andri darauf hin, dass er verloren sei, wenn er nicht akzeptiere, Sohn des Lehrers zu sein.

Andris erneute Ablehnung der Wahrheit

Aber Andri bleibt bei seiner Weigerung, die Wahrheit anzuerkennen: „Ich bin nicht dein Sohn.“ (86) Er stellt fest: „Was du getan hast, tut kein Vater.“ (87) Er erkennt, dass er „verloren“ ist, und identifiziert sich mit dem Schicksal seiner verfolgten und getöteten „Vorfahren“, der Juden (88).

Kapitulation der Andorraner

Unter der Aufsicht des Soldaten wird die Kapitulation der Andorraner zügig abgewickelt. Der Lehrer, der auf die Andorraner schießen will, wird entwaffnet und sucht seinen Sohn, der im Vordergrund eine Münze ins Orchestrion wirft und langsam „verschwindet“ (89).

Die „Schwarzen“ im Vordergrund

Die folgende Vordergrundszene bleibt in der Geschehenszeit und verdeutlicht die Machtergreifung durch die „Schwarzen“: Zwei ihrer Soldaten patrouillieren mit Maschinenpistolen, während „das Orchestrion spielt“ (90).

Das elfte Bild

Das elfte Bild

- Andri löst sich endgültig von Barblin.
- Barblin versucht verzweifelt, Andri von seiner angenommen Identität als Jude zu entfernen.
- Andri wird verhaftet, Barblin als „Judenhure“ beschimpft.

Andris Trennung von Barblin

Andris Vorwürfe

Andri und Barblin sitzen vor Barblins Kammer. Er macht ihr Vorhaltungen, weil sie sich seiner Ansicht nach freiwillig mit dem Soldaten eingelassen hat, fragt sie deshalb, ob sie mit diesem „viele Male geschlafen“ habe (91), gibt ihr aber nicht die Chance, den wahren Sachverhalt zu erklären. Da er seine wahre Identität nicht angenommen hat, ist er nicht ihr Bruder, und sie ist nicht seine Schwester. Sie ist für ihn die „Soldatenbraut“ (93), die mit jedem schläft und die er deshalb zwingen will, dies auch mit ihm zu tun. Auf diese Weise will er sich auch seiner neuen Identität sicherer werden.

Barblins Verzweiflung

Barblin ist verzweifelt und versucht wie vorher ihr Vater, Andri von seiner angenommenen Identität als Jude zu entfernen. Sie wehrt sich gegen seine Umarmung, versteckt ihn aber, als die „Schwarzen" kommen und ihn als Juden suchen, in ihrer Kammer – von deren Existenz nur der Soldat weiß, der die „Schwarzen" anführt.

Andris Verhaftung

Andri wird als Jude verhaftet und gefesselt abgeführt, und Barblin, die Andri als ihren Bruder bezeichnet und ihn vergeblich zu schützen versucht, als „Judenhure" vom Soldaten beschimpft (95).

Der Doktor an der Schranke

Als letzter Zeuge tritt in der Vordergrundszene der Doktor an die Zeugenschranke, bedauert in einem für ihn typischen geschwätzigen Redebeitrag den „Lauf der Dinge" (97) und beteuert: „Ich bin nicht schuld, daß es dazu gekommen ist." (96) Er erwähnt auch „Mißhandlungen", an denen er jedoch „nie […] teilgenommen" habe (ebd.). Dadurch wird auf das zwölfte Bild, die „Judenschau", vorausgedeutet.

Das zwölfte Bild

Das zwölfte Bild	
	➞ Die Konflikte zwischen Andri, dem Lehrer, den Andorranern und den „Schwarzen" finden ihre gewaltsame Lösung im zwölften Bild, der „Judenschau". ➞ Sie ist der theatralische Höhepunkt des Stücks und entspricht der im fünften Akt des klassischen Dramas gestalteten „Katastrophe". ➞ Dieses makabre Schauspiel wird von den „Schwarzen" veranstaltet, um auf scheinbar objektive Weise aus einer anonymen Masse die Juden herauszufinden.

Die Judenschau als Höhepunkt

Die „Judenschau" wird von den „Schwarzen" als „Maßnahme zum Schutze der Bevölkerung in befreiten Gebieten" ausgegeben (105) und findet auf dem von Soldaten umstellten Platz von Andorra in einer Atmosphäre gespenstiger Unheimlichkeit statt. Die Andorraner, „wie eine Herde im Pferch" (ebd.), müssen sich mit schwarzen Tüchern vermummen, um als Personen unkenntlich zu sein, und die Schuhe ausziehen, weil der „Judenschauer" die Juden „an den Füßen" erkennt, wie der Doktor sagt (100). Die Andorraner bewundern die perfekte Organisation und tun folgsam und ängstlich alles, was von ihnen verlangt wird. Nur der Wirt weigert sich, das Tuch überzuziehen. Er wirft Andri ständig vor, den

Verhalten der Andorraner

Verhalten des Wirts

Stein geworfen zu haben, der die Senora tötete, und beteuert so oft, er habe es nicht getan, dass beim Zuschauer der Verdacht entsteht, er sei der Täter. Dies sagt ihm der Lehrer, worauf sich der Wirt doch mit einem schwarzen Tuch verhüllt und sich „unter die Vermummten“ mischt (102), um in der Anonymität der Masse unterzutauchen und der Rache der „Schwarzen“ zu entgehen. Aber diese suchen keinen Täter, sondern einen Juden.

Verhalten Barblins

Barblin versucht die Andorraner zum Widerstand zu bewegen, aber „man kehrt ihr den Rücken“ (99): Die Andorraner wollen und wagen keinen Widerstand. Als Barblin ihr Tuch abnimmt und es dem Judenschauer „vor die Stiefel wirft“ (106), wird sie „weggeschleift“ (107) – die erste Gewalttat der „Schwarzen“.

Bekenntnis des Lehrers

Der Lehrer und die Mutter „stehen allein“ (102), sind anfangs unvermummt und versuchen das drohende Unheil für Andri dadurch zu verhindern, dass sie die Wahrheit über seine – nichtjüdische – Herkunft erneut öffentlich machen. Mehrere Male sagt der Lehrer: „Andri ist mein Sohn.“ (103, 105, 111, 112) Aber dieses späte Bekenntnis ist ebenso verzweifelt wie vergeblich, und der Einzige, der bezeugen könnte, dass Andri den Stein nicht geworfen hat, der Pater, ist nicht gekommen.

Der Judenschauer

Der Judenschauer, der sich „wie ein schlichter Beamter benimmt“ (106), behandelt scheinbar alle gleich. Auch die Vermummung soll deutlich machen, dass er ohne Ansehen der Person vorgeht und allein nach auffallenden Gesten und Verhaltensmerkmalen urteilt – wobei vorausgesetzt wird, dass Juden über solche verfügen. Aber andererseits liegt in diesem Verhalten die reine Willkür: Je nachdem, wie gehemmt oder verklemmt jemand am Judenschauer vorbeigeht, fällt das Urteil aus. Jeder kann „Jude“ sein, und der „Jemand“, der typische Andorraner, wird auch zuerst als „Jude“ enthüllt. Aber „der ist's nicht. Der sieht nur so aus, weil er Angst hat“ (110), urteilt der Soldat verständnisvoll.

Willkür

Bekenntnis der Mutter

Als Andri, der ebenfalls Angst hat, dem Judenschauer auffällt und als aus seinen Taschen „Judengeld“ (112) fällt, nützt es ihm auch nichts mehr, dass die Mutter schwört: „Aber Andri ist der Sohn von meinem Mann – […] Und Andri hat den Stein nicht geworfen […], Andri war zu Haus, als das geschehn ist.“ (Ebd.)

Andri kämpft nicht. Als ihn der Lehrer dazu auffordert,

Passivität Andris

zu reden und die Wahrheit auf sich zu beziehen, lächelt er nur. Er hat für sich seine Identität gefunden. Als er den Ring hergeben soll, den ihm die Senora gegeben hat, wehrt er sich – für den geldgierigen Tischler ein typisch jüdisches Verhalten: „Wie er sich wehrt um seine Wertsachen …“ (113) Die schwarzen Soldaten hacken Andris Finger ab, um an den Ring zu kommen. Dann wird er „abgeführt“ (ebd.).

Selbstmord des Lehrers

Die Familie Cans zerbricht an der Katastrophe, wie die kurze Nachszene zeigt. Der Lehrer verübt Selbstmord im Klassenzimmer, Barblin ist wahnsinnig geworden. Sie wurde als „Judenhure“ geschoren und weißelt wie im ersten Bild – nun aber das Pflaster des Platzes. Der Pater, der sie wegführen will, wird von ihr gefragt, wo er gewesen sei, „als sie unsern Bruder geholt haben wie Schlachtvieh“ (116). Er schweigt, sie bleibt bei Andris Schuhen zurück, die da stehen sollen, „wenn er wiederkommt“ (ebd.).

Folgenlosigkeit des Geschehens

Nach dem Geschehen „verlieren sich“ die Andorraner „nach allen Seiten“ und „verschwinden in der Pinte“ (113). Scheinbar mitfühlend meint der Tischler: „Das mit dem Finger ging zu weit …“ (Ebd.) Die Andorraner gehen zur Tagesordnung über. Für sie gilt, was der Doktor schon vor der „Judenschau“ gesagt hat: „Wenn die Judenschau vorbei ist, bleibt alles wie bisher.“ (98) Dieses Ergebnis sieht auch der Lehrer voraus.

Zeichen für die Folgenlosigkeit des Geschehens ist auch das Orchestrion: Es „fängt von selbst an zu spielen, die immergleiche Platte“ (113).

Die Personen

➞ Die Personen sind keine naturalistisch gezeichneten Vertreter eines Sozialgefüges, sondern die Verdeutlichung bestimmter Verhaltensweisen und Einstellungen dieses Kollektivs. ➞ Man kann Vertreter des privat-häuslichen und des öffentlich-gesellschaftlichen Bereichs unterscheiden. ➞ Beide Bereiche werden in der Person des Andri miteinander verbunden. ➞ Zwei Kollektive stehen sich gegenüber: die Andorraner und die „Schwarzen".	Die Personen

Verdeutlichung von Verhaltensweisen

Wenn Frisch sein Stück als „Modell" bezeichnet, so bedeutet dies, dass er kein naturalistisches Abbild der Wirklichkeit beabsichtigt, sondern bestimmte Verhaltensweisen und Einstellungen verdeutlichen und verallgemeinern will. Dieser Absicht entspricht die Darstellung der andorranischen Gesellschaft. Vorgeführt wird nicht ein geschlossenes Sozialgefüge mit seiner Regierung und Verwaltung, sondern einzelne Personen, die Frisch im Personenverzeichnis in zwei Gruppen teilt: Unter der Überschrift „Personen" nennt er zwölf Figuren, unter der Überschrift „stumm" als Einzelfiguren den Idioten und den Judenschauer und als Kollektive Soldaten in schwarzer Uniform und das andorranische Volk.

Personengruppen

Die zwölf Personen lassen sich in zwei Gruppen einteilen, die jeweils zwei verschiedenen Bereichen angehören:

- In den privat-häuslichen Bereich gehören Andri, Barblin, der Lehrer, die Mutter und die Senora.
- In den öffentlich-gesellschaftlichen Bereich gehören die übrigen Andorraner, der Pater, der Soldat, der Wirt, der Tischler, der Geselle, der Jemand. Diese Personen sind als Typen gedacht, die bestimmte gesellschaftliche Gruppen vertreten und bestimmte Verhaltensweisen verdeutlichen.

Andri

Andri ist eine Ausnahme. Er gehört nicht nur in den privat-häuslichen Bereich, sondern auch in den öffentlichen Bereich, worauf sein Name schon hinweist: Er ist

„der Andere“. In seiner Person verbinden sich die Bereiche. Auch die stummen Rollen lassen sich unterteilen: Den beiden Personen aus den beiden Ländern, dem Idioten und dem Judenschauer, stehen die beiden Kollektive gegenüber, die Schwarzen und die Andorraner.

Die Personen des häuslichen Bereichs

Barblin	
	➟ Barblin ist außer Andri die einzige Person, die im Personenverzeichnis mit Namen genannt wird. ➟ Dies deutet darauf hin, dass sie nicht als Typ, sondern als Individuum gesehen werden soll. ➟ Sie hat im Stück das erste und das letzte Wort und ist diejenige, von der Andri am meisten geliebt und am tiefsten verletzt wird. ➟ Am Anfang verhält sie sich eher passiv. ➟ Am Schluss verhält sie sich mutig und tritt für die Wahrheit ein. ➟ Ihr Wahnsinn ist Ausdruck der Zerstörung ihrer Existenz durch Andris Tod.

Barblin

Passivität am Anfang

Zu Beginn des Geschehens ist sie eine überwiegend passive Figur. Sie ist irritiert durch die sexuelle Zudringlichkeit des Soldaten, hat Angst vor den Schwarzen um und wegen Andri und sucht deswegen beim Pater Rat und Trost. Mit ihrem Verlobten Andri redet sie nicht über ihre Angst. Sie begreift auch nicht ganz seine Probleme als gesellschaftlicher Außenseiter. Als er ihr stolz sagt, dass er Tischler wird, folgt sie, traditionsgebunden, der Prozession, wenn auch „als letzte“ (18).

Vorurteile

Dass Barblins Liebe nicht ganz vorurteilsfrei ist, zeigt sich im zweiten Bild. Andri denkt nach über das Verhalten der Andorraner ihm gegenüber und fragt Barblin, ob es stimme, dass er anders sei als die Andorraner. Sie spricht aber nicht mit ihm über dieses Problem, sondern versucht ihn durch Zärtlichkeit abzulenken. Als dies misslingt, fordert sie ihn auf, „fröhlich und stolz“ zu sein, weil sie ihn „liebe vor allen andern“ (27). Sie bestätigt auch indirekt seine Andersartigkeit, an der er leidet, wenn sie beteuert, sie denke „nicht an die andern“, wenn er sie küsse (ebd.). Die betonte Verneinung verrät, dass sie dies doch tut – zumindest unbewusst.

Rollentausch

Barblin kann nichts für ihre mutmaßliche Vergewaltigung durch den Soldaten. Aber dadurch ist Andri der letzte Halt genommen. Ihm gelingt nicht der Rollentausch vom Verlobten zum Bruder. Sie aber vermag, nachdem sie über Andris wahre Herkunft Bescheid weiß, in Andri den Bruder zu erkennen, kann die Rolle der Geliebten durch die der Schwester ersetzen: Nachdem sie Andris bittere Vorwürfe und Beschimpfungen wegen ihres – wie er es sehen muss – Verhältnisses mit dem Soldaten ertragen hat, ohne die Kraft oder Möglichkeit zur Rechtfertigung gefunden zu haben, weigert sie sich, ihn wie eine Geliebte zu küssen.

Mutiges Verhalten

Als Andri in ihrer Kammer verhaftet wird, durchbricht sie ihre Passivität, tritt mutig für die Wahrheit ein und bekennt sich zu ihm als ihrem Bruder. Ebenso mutig und aktiv ist sie auch bei der Judenschau. Sie fordert die feigen Andorraner zum Widerstand auf, wirft dem Judenschauer „das schwarze Tuch vor die Stiefel“ (106), was Zeichen für eine allgemeine Befehlsverweigerung sein soll, und wird deshalb von den Schwarzen als erstes Opfer der Gewalt gefesselt und „weggeschleift“ (107).

Wahnsinn

Barblin widerfährt am Ende, was sie am Anfang befürchtet hat: Sie wird als „Judenhure“ kahlgeschoren. Ihr Wahnsinn am Schluss stellt sie in die Tradition von Shakespeares Ophelia und Goethes Gretchen. Er ist Ausdruck ihres Unvermögens, Andris Schicksal und die Zerstörung ihrer Existenz innerlich zu verkraften. Die Liebe zu Andri bleibt erhalten: Sie passt auf seine Schuhe auf, damit er sie bei seiner Rückkehr noch vorfindet.

Die Mutter

Die Mutter

- Sie ist um Andri besorgt und wendet sich gegen ihren Mann, als dieser begründungslos Barblins Heirat mit Andri ablehnt.
- Weil sie Andri helfen will, bittet sie den Pater um Beistand. Er soll Andri seine jüdische Identität nahebringen.
- Sie tritt am Ende für die Wahrheit ein und versucht die Andorraner von Andris wahrer Identität und von seiner Schuldlosigkeit zu überzeugen.

Die Figur der Mutter wird am Anfang recht farblos gezeichnet, gewinnt aber im Verlauf des Geschehens deutlich an Profil. Anfangs wird sie nur bei häuslichen Verrichtungen vorgestellt. Sie ist um Andri besorgt, wie die Szene deutlich macht, in der Andri vom Doktor untersucht wird. Aber in dieser Szene ergreift sie deutlich Partei für Barblin und Andri, als beide heiraten wollen: „Sie lieben einander." (43) Damit wendet sie sich gegen ihren Mann, den Lehrer, von dem sie jahrelang belogen wurde.

Sorge um Andri

Unverständnis für Can

Deshalb versteht sie Cans Verhalten Barblin und Andri gegenüber nicht und führt seine begründungslose Ablehnung der Heirat auf die verständliche, aber in ihren Augen übertriebene Eifersucht des Vaters auf den Partner seiner Tochter zurück.

Wunsch, Andri zu helfen

Als sie sieht, wie Andri darunter leidet, dass er nicht der sein kann, der er sein will, möchte sie ihm helfen: Auf ihre Initiative hin soll der Pater Andri beibringen, dass er sich als Juden annehmen soll und dass er auch in dieser Andersartigkeit geliebt wird. Auch sie sieht also Andri als „anders" an, aber sie liebt den ihrer Meinung nach Andersartigen, wie es auch Barblin tut.

Erkennen der Wahrheit

Als sie nach dem Besuch der Senora die Wahrheit erfahren hat, sagt sie ihrem Mann unangenehme Dinge: Er habe die Senora verlassen, die er geliebt habe, habe sie geheiratet, weil sie Andorranerin war, und habe somit „alle verraten, aber den Andri vor allem" (76). Danach erkennt sie auch die „schwere Aufgabe" des Paters (ebd.), der Andri sagen soll, er möge die neue Wahrheit akzeptieren.

Eintreten für die Wahrheit

Obwohl die Mutter von ihrem Mann verraten, belogen und enttäuscht wurde, tritt sie in der Judenschau für die Wahrheit ein und versucht die Andorraner sowohl von Andris wahrer Identität als auch von seiner Schuldlosigkeit am Tod der Senora zu überzeugen. Mutig bleibt sie zunächst wie der Lehrer „unvermummt" (102) und schwört dann, dass Andri den Stein, der die Senora tötete, nicht geworfen haben kann. Durch dieses Verhalten wird die Pflegemutter Andris zu seiner sozialen, eigentlichen Mutter.

Die Senora

Die Senora
→ Sie verleugnet ihren Sohn Andri nach seiner Geburt aus Angst vor ihren Landsleuten, bereut aber am Schluss dieses Verhalten. → Sie kommt trotz ihrer Gefährdung nach Andorra und will den Lehrer bewegen, die Wahrheit zu sagen. Sie versucht dessen Motive für seine Lüge zu erkennen. → Sie tritt für Andri ein und kümmert sich um den Verletzten, den sie zu diesem Zeitpunkt noch nicht als ihren Sohn erkennt.

Verhalten nach Andris Geburt

Die Senora aus dem Land der Schwarzen ist Andris natürliche Mutter, die sich allerdings nie um ihren Sohn gekümmert hat. Schon gleich nach Andris Geburt hat sie aus „Angst" vor ihren Landsleuten (72) ihren unehelichen Sohn verleugnet. Später erfuhr sie von einem andorranischen Händler die „rührende Geschichte von einem andorranischen Lehrer, der damals, zur Zeit der großen Morde, ein Judenkind gerettet habe, das er hege und pflege wie einen eignen Sohn" (ebd.). Danach schrieb sie Briefe an Can, weil sie wissen wollte, ob er dieser Lehrer sei, erhielt aber keine Antwort.

Suche nach Cans Motiven

Für Cans Verhalten sucht sie Motive: Er habe sie gehasst, weil sie „feige" war; er habe zeigen wollen, dass die Andorraner anders als die Schwarzen seien. Aber sie erkennt, dass sie sich in Can getäuscht hat: Er war genau so feige wie sie, und ließ sich sogar noch wegen einer guten Tat feiern, die keine war. Im Gespräch mit Andri äußert sie sich in allgemeiner Form über ihre und Cans damalige idealistische Weltanschauung: „Wir wollten eine andere Welt. [...] Wir wollten keine Angst haben vor den Leuten. [...] Wir wollten nicht lügen." (75) Aber die Realität war anders. Beide „verschwiegen" ihre „Angst" und „haßten [...] einander" (ebd.).

Reue

Die Senora bereut ihr früheres feiges Verhalten. Als sie von Andris Außenseiterrolle hört, kommt sie trotz der angespannten politischen Situation nach Andorra, um den Lehrer dazu zu veranlassen, die Wahrheit zu sagen.

Bei ihrer Ankunft kann sie nicht verhindern, dass Andri, den sie zu diesem Zeitpunkt noch nicht als ihren Sohn kennt, von dem Soldaten und anderen brutal zusam-

Eintreten für Andriv

mengeschlagen wird. Aber sie verhindert durch ihre Anwesenheit Schlimmeres, kümmert sich um den verletzten Andri und lässt sich von ihm zum Lehrer führen. Andri hat die Senora gern und begleitet sie ein Stück Wegs, als sie wieder geht. Sie sagt ihm aber auch jetzt nicht die Wahrheit, sondern deutet sie nur an: Andri sei der Einzige, der „die Wahrheit nicht zu fürchten braucht" (74). Da er die Zusammenhänge nicht kennt, kann er mit dieser Bemerkung nichts anfangen.

Funktion der Figur der Senora

Die Senora wird von Frisch etwas unverhofft ins Spiel gebracht. Diese Figur hat eine vierfache Funktion:

- Sie enthüllt die Vorgeschichte und gibt Auskunft über Cans früheres Verhalten.
- Sie gibt den äußeren Anstoß dafür, dass Can endlich Andri die Wahrheit sagt.
- Ihre Ermordung ist eine Vorausdeutung auf die ihres Sohnes.
- Ihre Ermordung bietet den Schwarzen einen Anlass zum Einmarsch in Andorra und damit zur Ermordung des „Juden" Andri. Sie kommt, um Andri zu helfen, wird selbst getötet und damit zum Anlass für den Tod ihres Sohnes.

Der Lehrer Can

Der Lehrer Can	
	→ Der Lehrer Can ist neben Andri die wichtigste, besonders aber die problematischste und schillerndste Figur des Stückes. → Er ist Gegenspieler der Andorraner, die er hasst und die ihn schlecht behandeln. Er ist aber auch personaler Gegenspieler Andris, dessen kollektive Gegenspieler die Andorraner sind. → Früher wollte er für die Wahrheit über Andris Herkunft eintreten, aber aus Angst und Feigheit kann er dies in der Gegenwart nicht mehr, weil seine private Existenz betroffen ist. → Er versucht sein Versagen durch Verschweigen zu rationalisieren und pädagogisch zu verbrämen. → Er verrät seinen Sohn Andri, seine Frau, die Senora als Mutter Andris und seine Tochter Barblin. Damit ähnelt er in seinem schuldhaften Verhalten den von ihm verachteten Andorranern.

Im Personenverzeichnis wird nur Cans Berufsbezeichnung, später erst sein Name angegeben – ein Hinweis darauf, dass er

- im öffentlichen Bereich, in der andorranischen Gesellschaft als „Lehrer“ eine Rolle spielt und als Typ verstanden werden kann,
- im privaten Bereich der Familie als individuelle Figur aufzufassen ist.

Widersprüchliche Rollen

Schon als private Existenz vereinigt er widersprüchliche Verhaltensweisen und einander widersprechende Rollen in sich:

- Er ist der Partner seiner früheren Geliebten und seiner späteren Frau, verrät aber beide durch seine Lüge.
- Er ist der natürliche Vater Andris, flüchtet sich aber aus Feigheit in die Rolle des Pflegevaters.
- Er ist Freund und Feind seines Sohnes: Einerseits unterstützt er ihn gegen die vorurteilsbefangenen Andorraner, andererseits verleugnet er ihn und ist letztlich schuld an seinem Tod.

Idealistischer Revolutionär in der Jugend

Als junger Lehrer der Andorraner stellte er sich die Aufgabe, für die Wahrheit einzutreten. Er fühlte sich als idealistischer Revolutionär, wollte aus der als verlogen erkannten Ordnung ausbrechen und eine „andere Welt“ schaffen, wie die Senora sagt (75). Der reaktionäre Doktor berichtet von ihm, dass er damals die Schulbücher zerrissen habe:

> „[…] er wollte andre haben, und als er dann doch keine andern bekam, da hat er die andorranischen Kinder gelehrt, Seite um Seite mit einem schönen Rotstift anzustreichen, was in den andorranischen Schulbüchern nicht wahr ist.“ (37f.)

Widerspruch zwischen Anspruch und Verhalten

Damals verfügte er also über die geistige Freiheit, nicht nur die Unwahrheit zu erkennen, sondern auch gegen sie anzukämpfen und für die Wahrheit einzutreten. Aber gerade dieser Kämpfer für die Wahrheit verschweigt die Wahrheit über Andris Herkunft, lügt aus Feigheit und setzt die Geschichte in Umlauf, die seinen Sohn am Ende tötet: Er gibt ihn als Judenkind aus, das er gerettet habe. Der Lehrer erhebt den Anspruch, den Andorranern die Wahrheit aufzuzeigen, aber er kann sie in seinem eigenen Leben nicht verwirklichen. Seine geistige Freiheit gegenüber den von ihm verachteten Andorranern hört in dem Augenblick auf, als er die Wahrheit nicht in der Schule lehrt, sondern persönlich leben soll, als seine private Existenz betroffen ist. Die Senora begründet aus ihrer Sicht sein Verhalten: „Weil auch du feige warst, als du wieder nach Hause kamst. Weil auch du Angst hattest vor deinen Leuten." (72)

Angst als Motiv

Als der Lehrer schließlich unter dem Druck der Umstände die Wahrheit sagt, begründet er Andri gegenüber sein damaliges Verhalten ebenso:

> „Ein Andorraner, sagen sie, hat nichts mit einer von drüben und schon gar nicht ein Kind. Ich hatte Angst vor ihnen, ja, Angst vor Andorra, weil ich feig war –" (87)

Pädagogische Begründung der Lüge

Der Lehrer, der die Vorurteile der Andorraner durchschaute, die Wahrheit erkannte und sie lehrte, passte sich aus Feigheit und Opportunismus den Vorurteilen der Gruppe an. Er gibt allerdings nicht nur Feigheit für sein Verschweigen der Wahrheit an, sondern begründet dies und seine Lüge über Andris Herkunft damit, dass er den Andorranern am Beispiel seines Sohnes beweisen wollte, wie unsinnig ihre antisemitischen Vorurteile seien. So prophezeit er den Andorranern schon zu Beginn des Geschehens, als der Tischler von ihm für die Lehre des vermeintlichen Judenjungen einen Wucherpreis fordert:

> „Sie werden sich wundern, wenn ich die Wahrheit sage. Ich werde dieses Volk vor seinen Spiegel zwingen, sein Lachen wird ihm gefrieren." (15)

„Rationalisierung"

Nach dieser Aussage wäre die Lüge für den Lehrer ein Mittel zur Entlarvung der Andorraner in ihrer Vorurteilsbefangenheit gewesen. Diese pädagogische Begründung seiner Lüge wirkt allerdings nicht überzeugend. Er versucht, aus der Not eine Tugend zu machen, indem er seinem ursprünglich negativ zu bewertenden Verhalten nachträglich einen positiven Sinn gibt. Dieses Verhalten wird in der Psychologie als „Rationalisierung" bezeichnet. Dabei handelt es sich um eine seelische Abwehrstrategie: Negative Verhaltensweisen und Gefühle, die das Bewusstsein stören, werden zu dessen Entlastung unter Hinweis auf logische, vernünftige Begründungen positiv umgedeutet.

Innerer Zwiespalt

Aber dieses Abwehrverhalten versagt schließlich bei Can. Sein Zwiespalt zwischen Idealismus und Opportunismus führt zu einem Rollen- und Gewissenskonflikt, den er innerlich nicht mehr bewältigen kann. Er wird zum Trinker und verhält sich aggressiv zu seiner Umwelt. Besonders aggressiv wird der Lehrer verständlicherweise, wenn jemand das Thema „Jude" anspricht. Als Andri meint, er dürfe Barblin nicht heiraten, weil er Jude sei, bricht aus Can der verdrängte, d.h. ins Unterbewusstsein abgeschobene Konflikt offen hervor:

> „Jud! Jedes dritte Wort, kein Tag vergeht, jedes zweite Wort, kein Tag ohne Jud, keine Nacht ohne Jud [...]. Juuuud, Juud, Jud ..." (45)

Verfehlen des Selbstkonzepts

Der Lehrer wollte ein Idealist und Moralist sein, der für Wahrheit, Vorurteilsfreiheit und Toleranz kämpft, aber hat diesem Selbstkonzept, diesem „Bildnis", das er sich von sich selbst macht, nicht entsprechen können. Er hat nicht nur seine Ideen verraten, sondern auch die Menschen, mit denen er zu tun hat, sowohl seine Familie als auch die Andorraner. Dies meint die Mutter, wenn sie sagt: „Du hast uns alle verraten, aber den Andri vor allem." (76) Can hat Andri verraten, weil er sich nicht zu ihm bekannt hat, sondern weil er ihn als seinen Pflegesohn ausgegeben hat. Auch wenn man ihm die erzieherische Absicht seiner Lüge glaubt, wird er dennoch schuldig, und zwar, weil er in Andris Leben eingreift:

Schuld an Andri

- Er missbraucht ihn als Demonstrationsobjekt.
- Er gibt die Rolle vor, in die die Andorraner Andri pressen können.
- Er nimmt Andri die Freiheit zur Wesensentfaltung und verhindert so, dass Andri zu seiner Identität finden kann.
- Er hat damit zu verantworten, dass Andri Barblin als Geliebte und nicht als Halbschwester sieht.

Andri erkennt Cans mehrfaches Versagen als Vater, wenn er zu ihm sagt: „Was du getan hast, tut kein Vater." (87)

Cans Verrat an der Familie

Can hat die Senora, Andris Mutter, verraten, weil er nicht den Mut hatte, sich über die Vorurteile der Andorraner hinwegzusetzen und sie, die Schwarze, zu heiraten, obwohl er sie „geliebt" hatte (76). Er hat aber auch die „Mutter", seine Frau, verraten: einmal, weil er sie nicht aus Zuneigung geheiratet hat, sondern weil sie „Andorranerin" war (ebd.), und zum andern, weil er ihr Andris Herkunft verschweigt.

Can hat seine Tochter Barblin verraten, weil er ihr den Halbbruder vorenthielt und sie im Glauben aufwachsen ließ, Andri sei ein Fremder. Deshalb meint sie, sie könnte ihn heiraten.

Bekenntnis der Wahrheit erst unter Druck

Der Lehrer handelt erst, als er durch äußere Umstände, durch den Heiratswunsch Andris und Barblins, dazu gezwungen wird. Er versucht zuerst selbst, dann mit Hilfe des Paters Andri die Wahrheit zu sagen. Er tut es erst, als die Schwarzen einmarschieren. Aber zu diesem Zeitpunkt ist es zu spät:

Folgenlosigkeit der Wahrheit

- Andri glaubt ihm nicht. Er muss meinen, der Lehrer erfinde diese Geschichte und belüge ihn, weil er wie die andern Andorraner antisemitische Vorurteile habe und seine Tochter nicht einem Juden zur Frau geben wolle.
- Die Andorraner glauben ihm nicht, weil sie nicht fähig und willens sind, die lange gepflegten Vorurteile aufzugeben und Andri aus der für sie bequemen Rolle des Juden, des Außenseiters, zu entlassen – und weil eine Lüge nicht zu Can passt.

Verselbstständigung der Lüge

Can muss erkennen, dass sich die Lüge selbstständig gemacht hat, zur „Wahrheit" geworden ist und dass es nicht möglich ist, eine Lebensgeschichte einfach umzutauschen – auch wenn sie erfunden ist. Resigniert stellt er fest:

> „Einmal werd ich die Wahrheit sagen – das meint man, aber die Lüge ist ein Egel, sie hat die Wahrheit ausgesaugt." (47)

Auch sein mutiges Auftreten vor und bei der Judenschau – er will auf die Andorraner, die sich nicht gegen die Schwarzen wehren, schießen; er vermummt sich als Letzter und schreit die Wahrheit hinaus – ändert nichts mehr: Die Lebensgeschichte, die er für Andri gefunden hat, lässt sich jetzt nicht mehr ändern. Er hätte rechtzeitig handeln und die Wahrheit sagen müssen – spätestens vor dem Heiratswunsch Andris. Aber er bringt dazu nicht den Mut auf. Dadurch ist er den Andorranern, von denen er sich immer absetzen will und die er verachtet, sehr ähnlich. Diese Verachtung erklärt sich daraus, dass er sich selbst in ihnen sieht, seine eigene Unentschlossenheit, seine Feigheit und seinen Opportunismus in ihnen erkennt und hasst. Dies erkennt die Mutter, wenn sie zu ihm sagt: „Fluch nicht auf die Andorraner, du

Ähnlichkeit Cans mit den Andorranern

selbst bist einer." (76) Can versucht seine eigenen Schwächen, negativen Gefühle und Einstellungen dadurch loszuwerden, dass er sie in die Andorraner hineinsieht. Auch dies ist ein seelisches Abwehrverhalten: Es wird als „Projektion" bezeichnet. Darunter versteht man die Übertragung unbewusster, verdrängter, verbotener Gefühle und Einstellungen auf andere Personen.

„Projektion"

Im Gegensatz zu den Andorranern erkennt Can seine Schuld und sühnt sie an dem Ort, an dem er angetreten war, die Vorurteile zu bekämpfen und der Wahrheit zu dienen: in der Schulstube. Frisch zeichnet in der Figur des Lehrers Can den Typ des früheren Revolutionärs und Wahrheitssuchers, der sich später anpasst. Er ist der Typ des Intellektuellen, der der Lüge und der Macht ohnmächtig gegenübersteht, weil er selbst in sie verstrickt ist.

Selbstmord als Sühne

Can als Typ

Die Personen des öffentlichen Bereichs

Der Pater

Der Pater

- Der Pater spielt in mehrfacher Hinsicht eine besondere Rolle.
- Er ist einerseits Ratgeber der Familie des Lehrers und andererseits Teil der andorranischen Gesellschaft.
- Er sieht Andri zwar auch als Außenseiter wie die anderen Andorraner, will dessen Verhalten aber positiv bewertet wissen.
- Er verantwortet sich wie die anderen Andorraner nach dem Geschehen, aber er bekennt sich im Gegensatz zu ihnen zumindest zu einem Teil zu seiner Schuld.
- Er ist außerdem derjenige, der die Bildnisthematik, die zentrale Problematik des Dramas, formuliert.

Andri kennzeichnet den Pater: „Sie sind Christ von Beruf [...]." (78) Damit beschreibt er das weniger von der Person als vom Amt geprägte Verhalten des Paters im Umgang mit Menschen allgemein und mit Andri im Besonderen.

„Christ von Beruf"

Im ersten Bild ist der Pater derjenige, von dem Barblin Antwort will in Bezug auf die Gefahr einer Invasion der Schwarzen und deren Folgen für den „Juden" Andri. Er

beruhigt sie mit der – vorausdeutenden – Bemerkung, „noch" habe man „eurem Andri kein Haar gekrümmt" (12). Er beschwichtigt sie und sieht keinen Anlass für einen Überfall auf Andorra.
Obwohl Barblin ihre Unruhe nicht loswird, fährt er mit seinem Rad „lautlos davon" (13) und lässt sie ihre Befürchtungen wegen der Gerüchte um Misshandlungen von Juden ins Leere sprechen.

Vermittlerrolle

Im weiteren Verlauf des Geschehens tritt der Pater zweimal auf, und zwar jedes Mal als bestellter Vermittler:

- Im Auftrag von Andris Pflegemutter soll er Andri zur Annahme seines Andersseins als Jude bewegen (7. Bild).
- Im Auftrag des Lehrers soll er ihn nach dem Auftreten der Senora dazu bringen, die neue „Wahrheit" über seine Herkunft zu akzeptieren (9. Bild).

Überheblichkeit im ersten Gespräch mit Andri

Bei seinem seelsorgerlichen Gespräch in der Sakristei (7. Bild) verhält sich der Pater eher amtlich als menschlich. Dies wird schon durch den Ort des Gesprächs deutlich, besonders aber dadurch, dass er mit Andri spricht, während der Kirchendiener ihn „zur Messe" ankleidet. (60) Der Pater behandelt Andri von oben herab. Als Andri nach anfänglichem Schweigen auf sein Existenzproblem, sein angebliches Anderssein, zu sprechen kommt, antwortet der Pater mit allgemeinen Beschwichtigungen: „Ich verstehe deine Not, aber du sollst wissen, daß wir dich gern haben, Andri, so wie du bist." (56)

Positive Vorurteile

Auch er ist dem Vorurteil erlegen und sieht Andri in der Rolle, im Bildnis des Juden, der eben „anders" ist, als es die Andorraner sind (60). Im Unterschied zu den andern Andorranern sieht der Pater aber Andri als Juden positiv:

> „Du bist gescheiter als sie […]. 's ist ein Funke in dir. […] Du denkst. Warum soll's nicht auch Geschöpfe geben, die mehr Verstand haben als Gefühl? Ich sage: Gerade dafür bewundere ich euch." (Ebd.)

Aber auch dies ist ein Bild, das sich der Pater von Andri macht, und damit presst er ihn in eine Form, statt ihn in seiner Individualität zu akzeptieren. Der Pater soll und will erreichen, dass Andri dieses Anderssein selbst annimmt, da er nur unter dieser Voraussetzung von den andern angenommen wird.

In diesem Bestreben, Andri anders zu sehen, als er in Wirklichkeit ist, vertauscht der Pater Ursache und Wirkung. Wenn er sagt, Andri habe „etwas Gehetztes“ (57), so übersieht er, dass Andris gehetztes Wesen die Folge seiner Behandlung durch die Andorraner ist und nicht deren Ursache. Der Pater ist wie die andern Andorraner nicht fähig, Andris Individualität zu sehen und ihn in dieser zu bestärken, sondern er sieht ihn als Teil der Gruppe der Juden an und schreibt ihm deren angebliche Besonderheiten einfach zu. Dies wird sprachlich durch den Wechsel des Anredefürworts deutlich:

Vertauschung von Ursache und Wirkung

> „Ich habe dir gesagt, Andri, als Christ, daß ich dich liebe – aber eine Unart […] habt ihr alle: Was immer euch widerfährt […], bezieht ihr nur darauf, daß ihr Jud seid.“ (59)

In einem zweiten Gespräch (9. Bild) soll der Pater Andri nun die „richtige“ Wahrheit über seine Herkunft beibringen. Aber jetzt sind die Rollen vertauscht: Andri tritt selbstsicher, fast überheblich auf, der Pater ist unsicher, verlegen. Er hat seine Entlarvung als jemand erleben müssen, der sich in Vorurteilen verstrickt hat, und weiß, dass er unglaubwürdig geworden ist. Er muss nach dem ersten Gespräch mit Andri erkennen, dass er Andri nicht so gesehen hatte, wie dieser war, sondern so, wie ihn auch die andern Andorraner aufgrund ihrer Vorurteile sehen wollten – nur eben positiver. Er muss sich von Andri sagen lassen: „Euch habe ich ausgeglaubt“ (79) und kann sich nur noch „hilflos“ (80) setzen. Seine Autorität als jemand, der sich der Unvoreingenommenheit, Wahrheit und Nächstenliebe verpflichtet fühlt, ist zusammengebrochen.

Unsicherheit im zweiten Gespräch mit Andri

Aber der Pater versagt noch ein weiteres Mal. Er könnte öffentlich bezeugen, dass Andri zur Zeit der Ermordung der Senora im Haus war und deshalb nicht der Täter sein kann. Er ist wegen seiner geistlichen Autorität auch der Einzige, dem die Andorraner möglicherweise diese Aussage glauben würden. Aber er unterlässt aus Feigheit diese menschliche und christliche Pflicht, verrät Andri ein weiteres Mal und hat somit an dessen Tod Mitschuld. Diese Schuld verschweigt er bei seiner Zeugenaussage, bei der er sich zu seiner Voreingenommenheit in Bezug auf Andri bekennt.

Versagen als Zeuge

Frisch kritisiert im Pater die christliche Amtskirche, die

Kritik an der Amtskirche

auf den Einzelnen und seine Probleme nicht eingeht, ihm nicht hilft, wenn er sie braucht, und nicht vorhanden ist, wenn es für ihn um Leben und Tod geht.

Der Doktor

Der Doktor	
	→ Der Doktor verkörpert den Typ des halbgebildeten, beruflich erfolglosen Akademikers. → Aufgrund seiner Ausbildung und seiner gesellschaftlichen Position entwickelt er ein anspruchsvolles Bild von sich selbst. → Wegen seiner Voreingenommenheit, Beschränktheit und seinem Opportunismus entspricht er diesem Bild aber nicht. → Dieses Missverhältnis zwischen Anspruch und Wirklichkeit versucht er durch Eitelkeit, Geschwätzigkeit und Angeberei zu verbergen.

Missverhältnis: Anspruch – Wirklichkeit

Einerseits betont der Doktor, „nichts auf Titel" zu geben (38), andererseits korrigiert er die Mutter, die ihn nur „Doktor" nennt, er sei „Professor, genau genommen" (ebd.), und als solchen bezeichnet er sich auch im Gespräch mit den Andorranern (vgl. 63). Einerseits betont er seine Weltläufigkeit und behauptet, er habe „verzichtet auf alle Lehrstühle der Welt" und sei als „Andorraner […] mit Leib und Seele" (63) nur aus Patriotismus zurückgekommen: „Hier ist mein Platz […], hier bin ich verwurzelt." (38) Andererseits gibt er indirekt zu, dass er wegen beruflicher Misserfolge zurückgekommen ist: „[…] unsereinem bleibt nichts andres übrig als die Heimat." (39f.) Aber er sieht nicht sein eigenes Unvermögen, sondern sucht sich einen Schuldigen, indem er eine jüdische Weltverschwörung unterstellt:

Misserfolg: Juden als Schuldige

> „Ich kenne den Jud. Wo man hinkommt, da hockt er schon, der alles besser weiß, und du, ein schlichter Andorraner, kannst einpacken. […] In allen Ländern der Welt hocken sie auf allen Lehrstühlen […]." (Ebd.)

Selbstbild des Doktors

Trotz dieser Frustration sieht er sich als sich selbst überwindenden Wohltäter: „Auch ich habe Juden gerettet, obschon ich sie nicht riechen kann." (40) Dem letzten Teil dieser Aussage entspricht auch seine Aufforderung bei der Untersuchung von Andris Hals: „[…] so muß es tönen, daß jeder Jud in den Boden versinkt, wenn er den Namen unseres Vaterlands hört.“ (39) Der Doktor hat ein festes Bild von den Juden: „Das Schlimme am Jud ist sein Ehrgeiz“ weiß er (ebd.) und beklagt, dass Juden „keinen Spaß“ verstehen (41).

Patriotismus

Der heuchlerische Patriotismus des Doktors dient zur Verschleierung seiner Minderwertigkeitsgefühle und zur Beruhigung der Andorraner. Aufgrund der Tatsache, dass er „weit in der Welt herumgekommen“ ist, weiß er, dass es „kein Volk“ gibt, „das in der ganzen Welt so beliebt ist wie wir“ (64). Er kennt auch den Grund: weil „Andorra ein Hort […] des Friedens und der Freiheit und der Menschenrechte“ (ebd.) ist. Deshalb kann Andorra seiner Meinung nach auch nicht überfallen werden. Geschähe dies, so wäre es ein „krasses und offenes Unrecht“ (66). Aber dies wagt niemand, „weil die ganze Welt uns verteidigen würde“ (ebd.).

Bild von Andorra

Der Doktor hat, diesen moralisch-politischen Erörterungen zum Trotz, keine Schwierigkeiten, sich auf opportunistische Weise mit den Schwarzen nach deren Einmarsch zu arrangieren. Er bewundert deren Organisationstalent: „wie das klappt“, rät in ihrem Sinn „nur jetzt kein Widerstand“ (99) und unterstellt dem Judenschauer die Fähigkeit, auf wissenschaftlich exakte und zugleich gefühlssichere Weise Juden erkennen zu können: „Der hat den Blick. […] Der sieht's an den Füßen.“ (100)

Opportunismus

Der Doktor sieht als erfahrener und gebildeter Mensch auch voraus, dass nach dem ‚Betriebsunfall‘ der Invasion und der Ermordung des „Juden“ Andri „alles wie bisher“ bleibt: „Andorra bleibt andorranisch“ (98). Und auch er bleibt, wie er war: uneinsichtig und unbelehrbar. Dies zeigt seine Zeugenaussage nach dem Geschehen.

Unbelehrbarkeit

Der Doktor steht für den beschränkten, vorurteilsbefangenen, opportunistischen ‚Bildungsbürger‘ in gesellschaftlich anerkannter Position, der sein Versagen nicht eingesteht, sondern es mit schönen Phrasen zudeckt und die Schuld daran andern zuschiebt.

Doktor als Typ

Der Wirt

Der Wirt	
	→ Der Wirt ist der Typ des kleinen opportunistischen Geschäftsmanns, der sich jeder Situation anpasst, um zu seinem Profit zu kommen. → Dabei schreckt er auch vor heimtückischer Gewalt nicht zurück. → Sein Verhalten verweist darauf, dass er als Mörder der Senora anzusehen ist.

Zwiespältiges Verhalten

Zu Beginn des Geschehens (1. Bild) äußert sich der Wirt verständnisvoll über den Tischler, der vom Lehrer fünfzig Pfund für die Lehre Andris verlangt. Er bestätigt dem Lehrer, dass dies „Wucher“ sei, und meint, in Bezug auf Geld verhielten sich die Andorraner „wie der Jud“ (16).

Verhalten zu Juden

Auch er selbst verhält sich diesem Vorurteil entsprechend: Er nutzt die Notlage des Lehrers schamlos aus und kauft ihm sein Land weit unter Wert ab. Einerseits hat er, wie er sagt, nichts gegen Juden und gegen Andri, sonst hätte er ihn nicht als Küchenjungen eingestellt. Andererseits betont er aber, er habe dies nur getan, weil Andri „eine regelrechte Ausnahme“ sei (ebd.).

Verhalten bei Andris Misshandlung

Ähnlich zwiespältig ist sein Verhalten, als die Senora später bei ihm Unterkunft nimmt und Andri vom Soldaten und anderen zusammengeschlagen wird. Nach der Misshandlung sagt er wahrheitsgemäß: „Sie haben ihn mit Stiefeln getreten, ich hab’s mit eigenen Augen gesehen […].“ (71) Andererseits hört er widerspruchslos auf den Doktor, der ihm rät: „Sie brauchen nicht jedermann zu sagen, was Sie mit eignen Augen gesehen haben.“ (ebd.)

Verhalten der Senora gegenüber

In Bezug auf die Senora, die „Schwarze“, betont der Wirt zu Anfang, er könne der „Fremdlingin“ die Herberge nicht verweigern, denn: „Noch gibt’s ein Gastrecht in Andorra, ein altes und heiliges Gastrecht.“ (65) Auf der andern Seite hat er es nur auf das Geld der Senora abgesehen und sagt, er „wäre der erste, der einen Stein wirft“ (ebd.). Er tut es dann ja auch. Dass er als Mörder der Senora anzusehen ist, zeigt sein Verhalten bei der Judenschau. Er betont zu oft, Andri habe den „Stein geworfen“ (99), er macht sogar vor, wie dieser ihn „genommen“ hat, wagt sich nicht zu vermummen, vermutlich aus Angst, als Jude herausgegriffen zu werden, und tut dies erst, als ihn der Lehrer der Tat bezichtigt. Jetzt will er nicht mehr auffallen.

Der Tischler

Der Tischler

- Der Tischler ist ein reicher Mann, der sich als rechtschaffener Handwerker alter Tradition sehen will.
- Er ist stolz auf seinen Patriotismus.
- Neben dem Soldaten ist er derjenige, der Andri die meisten Vorurteile entgegenbringt.
- Er presst ihn somit am nachhaltigsten in ein Klischee und beeinflusst auf diese Weise seine Entwicklung sehr negativ.

Vorurteile und Klischees

Bestimmend für des Tischlers Weltsicht und sein Verhalten ist sein Schwarz-Weiß-Denken: Auf der einen Seite stehen die Einheimischen, die Andorraner, zu denen er mit seiner Firma „Prader & Sohn" gehört. Sie haben das Handwerk „im Blut", leisten deshalb solide Arbeit „in andorranischer Eiche" und feilschen nicht, weil sie gradlinige Menschen sind (vgl. 31 f.).
Auf der anderen Seite stehen die Fremden, zu denen Andri gehört. Da er für den Tischler wie für die übrigen Andorraner „Jude" ist, hat er das Handwerk „nicht im Blut" (14, 31), kann deshalb auch keine solide Arbeit leisten. Deshalb sollte er besser „Makler" werden, „zur Börse" gehen (14) oder in der Firma des Tischlers „Bestellungen" schreiben, da er als Jude den Umgang mit Geld „im Blut hat" (34).

Unbelehrbarkeit

Der Tischler ist nicht bereit, dieses Vorurteil an der Wirklichkeit zu überprüfen, vielmehr passt er die Wirklichkeit dem Vorurteil an: Er nimmt Andris fachgemäß hergestellten Stuhl nicht zur Kenntnis, sondern ordnet ihn einfach dem Gesellen zu. Dessen Pfuscharbeit lastet er nun Andri an und hat so einen Grund, Andri aus der Handwerkslehre zu entlassen und ihn mit dem Schreiben von Bestellungen zu beschäftigen.

Uneinsichtigkeit

Der Tischler merkt nicht, dass sein Verhalten nicht dem Selbstbild vom gradlinigen, ehrenhaften Handwerker entspricht, sondern dass er sich so geldgierig verhält, wie er es dem „Juden" Andri unterstellt: Er verlangt vom Lehrer einen überhöhten Preis für Andris Lehre und feilscht, als er Andri nicht ein halbes Pfund pro Bestellung, sondern ein Pfund für drei Bestellungen geben will.

Tischler als Typ

Mit seinem Blut-und-Boden-Denken, seiner Geschäftstüchtigkeit, Vorurteilsbefangenheit und Ablehnung alles Fremden verkörpert der Tischler den Typ des für faschistische Ideen anfälligen kleinbürgerlichen Gewerbetreibenden.

Der Geselle

Der Geselle	
	➞ Der Geselle ist ein großsprecherischer junger Mann ohne Rückgrat, der dazu beiträgt, dass es dem Tischler gelingt, Andri aus der Lehre zu entfernen. ➞ Er ist der Typ des feigen, verantwortungslosen Mitläufers, der vor Autoritäten kuscht und sein eigenes Versagen auf Schwächere abschiebt, die er schikaniert.

Feigheit

Versagen

Mittäter

Anfangs verspricht der Geselle Andri, ihn in die Fußballmannschaft aufzunehmen. Dies hätte dessen Integration in die Gruppe der Jugendlichen bedeutet. Aber bei Andris Lehrlingsprobe verhält er sich derart feige und verantwortungslos Andri gegenüber, dass dieser nichts mehr mit ihm zu tun haben will: Zuerst bekennt sich der Geselle nicht dazu, dass er in der Werkstatt geraucht hat, und lässt zu, dass Andri vom Meister deswegen gerügt wird. Am meisten versagt er aber, als der Meister seinen nicht verzapften, sondern zusammengeleimten Stuhl auseinanderbricht: Als der Meister ihn fragt, welchen Stuhl er angefertigt habe, antwortet er so ausweichend und floskelhaft, dass es dem Meister ohne Mühe gelingt, bei seinem Vorurteil Andri gegenüber zu bleiben. Auf diese Weise ist der Geselle zum Mittäter geworden. Auch später tut er mit: Als Andri von dem Soldaten zusammengeschlagen wird, beteiligt sich der Geselle, indem er ihm „einen Fußtritt von hinten“ gibt (69).

Der Soldat

Der Soldat
➞ Der Soldat Peider hasst Andri als seinen Rivalen um Barblins Gunst am meisten und trägt maßgeblich dazu bei, ihn zu vernichten. ➞ Vermutlich vergewaltigt er Barblin und nimmt Andri damit den letzten Halt. ➞ Er verhaftet Andri vor Barblins Kammer, von deren Existenz nur er weiß. ➞ Durch sein Verhalten wird der Soldat zum Typ des feigen, prahlerischen, brutalen Befehlsempfängers, der auf eigenes Denken verzichtet, jedes noch so unsinnige Schlagwort übernimmt und sich jeder Macht bedenkenlos zur Verfügung stellt.

Verhalten in Bezug auf Barblin

Schon zu Anfang des Geschehens verhält sich der Soldat Barblin gegenüber aufdringlich und prahlt damit, alle Mädchen zu bekommen, die ihm gefallen. Aber um Barblin zu bekommen, muss er sie vergewaltigen. Obwohl er es besser weiß, nennt er sie bei Andris Verhaftung „Judenhure“ (95). Später, nach der Judenschau, verleugnet er sie.

Verhalten in Bezug auf Andri

Die Abneigung des Soldaten Andri gegenüber wird schon im ersten Bild vorgeführt: Er schlägt Andri Geld aus der Hand, stellt ihm ein Bein, dass er stürzt, und macht obszöne Bemerkungen über Barblin. Später, bei der Ankunft der Senora, steigert sich seine Brutalität. Als Andri den Soldaten provoziert und sich dieser nicht mehr allein gegen Andri durchsetzen kann, schlägt er „auf Andri, während die andern ihn festhalten“ (69).

Selbstbild

Diese Feigheit steht im umgekehrten Verhältnis zu seinem Selbstbild. Im Gespräch mit Andri pocht er auf seinen Mut: Selbst wenn die Schwarzen „wie die Heuschrecken vom Himmel herab“ fielen (21), ließe er sie nicht durch. Er will dann kämpfen „bis zum letzten Mann“ (19).

Wirklichkeit

Aber während der Invasion wird er ohne Widerstand zum willfährigen Werkzeug der schwarzen Besatzer:

- Er führt sie zu Andris Versteck, zu Barblins Kammer.
- Er hilft den Schwarzen bei der Entwaffnung der Andorraner und nimmt dem Lehrer das Gewehr weg.

- Er hilft den Schwarzen bei der Organisation der Judenschau, verliest ihre Order an die „Bürger von Andorra“ (105) und sorgt für die ‚ordentliche‘ Durchführung des makabren Schauspiels.
- Er bewirkt, dass Andri der Ring abgenommen und ihm der Finger abgehackt wird.

Rückzug ins Kollektiv

Der Soldat lehnt jede Eigenverantwortung ab und denkt nur in Schablonen. Er identifiziert sich so stark mit dem Kollektiv, dass er sich selbst als „Armee“ bezeichnet: „[…] das wagt er zu sagen: mir ins Gesicht, der Armee ins Gesicht!“ (22) Ein Zeichen für diese vollkommene Identifikation mit den Zielen der Gruppe ist sein Nachplappern ihrer Parolen und Schlagworte: „Bis zum letzten Mann, das ist Order. Lieber tot als untertan, das steht in jeder Kaserne.“ (64)

Der Jemand

Der Jemand	
	➟ Der Jemand ist ein beliebiger, informierter Beobachter des Geschehens, der sich über die Verhaltensweisen anderer amüsiert, weil er sie durchschaut, der aber nie Stellung bezieht und sich aus allem heraushält. ➟ Damit wird er mitschuldig an Andris Schicksal wie die anderen Andorraner auch. ➟ Seine Bemerkung nach der Judenschau: „Der arme Jud“ kann nur als Ausdruck seiner Unbelehrbarkeit verstanden werden.

Der Jemand tritt immer dann auf, wenn die andern Repräsentanten Andorras auch auftreten. Zu Beginn des Geschehens deutet er das bevorstehende Unheil an: „Ich glaub, es hängt ein Gewitter in der Luft […].“ (14) Typisch für ihn ist das ständige Zeitungslesen (vgl. 47, 63). Er beobachtet genau das Geschehen und macht einige

Ironie

Male ironische Bemerkungen, so zum Beispiel zum Soldaten, als der seine Phrase vom Kampf „bis zum letzten Mann“ äußert (63f.): „In der Bibel heißt’s, die Letzten werden die Ersten sein […].“ (63) Als man sich über die Senora unterhält, macht er sich über das Wort „Spitzelin“ lustig (65) und wiederholt die Phrase des Doktors,

„schlagartig“ werde die Welt Andorra verteidigen (66). Ihm kommen Reden und Verhalten seiner andorranischen Mitbürger des Öfteren komisch vor: Er lacht sie aus, zieht sich dadurch ihren Unwillen zu und charakterisiert sich selbst als „fröhliche[n] Charakter“ (67).

Verhalten bei Judenschau

Diese Fröhlichkeit vergeht ihm aber bei der Judenschau. Zuerst will er wissen, ob die Täterschaft Andris „erwiesen“ sei (98), fragt aber dann nicht weiter. Kritisch wird es für ihn dann, als er vom Judenschauer als Jude aussortiert wird. Er wird „starr vor Schrecken“ (110). Aber der Soldat tritt für ihn ein: „Der ist's nicht. Der sieht nur so aus, weil er Angst hat.“ (Ebd.) Durch diesen Fehlgriff werden Willkürlichkeit und Zufälligkeit des Verfahrens entlarvt: Alle, also auch der Jemand, können als Jude angesehen werden.

Die stummen Rollen

Die stummen Rollen

→ „Stumm“ treten zwei Kollektive und zwei Einzelpersonen auf, die zu ihnen gehören:
- die Andorraner und der Idiot,
- die Schwarzen und der Judenschauer.

Die Andorraner

Die stummen Andorraner haben ihre Sprecher in den als Typ gezeichneten Personen, die stellvertretend für die einzelnen gesellschaftlichen Gruppen stehen. Der Idiot führt stumpfsinnig Handlangerdienste und Aufträge aus (vgl. 66) und weigert sich, in der Judenschau ein schwarzes Tuch umzubinden. Denn, so sagt der Jemand, „dem glauben sie's, daß er keiner ist“ (101). Er verkörpert die Gruppe der Andorraner, die unfähig ist, sich zu artikulieren, die immer mitläuft, aber niemandem etwas tut.

Der Idiot

Der Judenschauer

Dieser stummen Rolle entspricht auf der Gegenseite die des Judenschauers, der sich „wie ein schlichter Beamter benimmt“ (106). Er ist der anonyme Funktionär der Macht, seine Sprachlosigkeit ist Ausdruck der Unmenschlichkeit des Bösen, das er verwaltet. Ihn umgibt eine Atmosphäre des Geheimnisvollen, Unfehlbaren: „Der irrt sich nie“, sagt der Doktor. Dass er sich beim ersten Mal doch irrt, wird ihm nicht übel genommen, da er sich so gehemmt verhält, wie man es von einem Juden erwartet. Beim zweiten Mal entdeckt er Andri, der sich genauso gehemmt verhält wie der Jemand, dem man dies aber als typisch jüdisch auslegt. Damit ist der Judenschauer seinem Ruf gerecht geworden und hat den aussortiert, den die Gesellschaft zum Juden gemacht hat.

Die Schwarzen

Der Judenschauer ist Funktionär und Repräsentant der Schwarzen, die keine sprechenden Vertreter haben. Sie stehen für die unmenschliche, namenlose Gewalt, die sich der Lautsprecher und der Trommeln bedient, um ihre Anordnungen durchzusetzen.

Themen und Probleme

Die Bildnisthematik

→ Frisch beschreibt in seinem Tagebuch das Bildnisproblem als Problem der Selbstverwirklichung des Einzelnen im Bereich der zwischenmenschlichen Beziehungen. → In *Andorra* verknüpft er dieses persönliche Problem mit der politisch-sozialen Problematik der Diskriminierung von Minderheiten aufgrund von sozialen Vorurteilen, wobei er die Minderheit auf eine Person reduziert. → Als Beispiel nimmt er ein negatives Fremdbild mit langer Tradition, das Bildnis des Juden, das bis in die jüngste Vergangenheit tödlich wirksam war.	Die Bildnis-problematik

Bildnis und Vorurteil

„Du sollst dir kein Bildnis machen"

Ein wichtiger Text zum Verständnis von Frischs Werk im Allgemeinen und von *Andorra* im Besonderen ist sein Aufsatz im *Tagebuch 1946–1949* mit dem Titel „Du sollst dir kein Bildnis machen". In diesem Text verbindet Frisch das christliche Hauptgebot der Nächstenliebe mit dem zweiten Gebot des Alten Testaments (2. Buch Mose 20,2): „Du sollst dir kein Bildnis noch irgend ein Gleichnis machen, weder des, das oben im Himmel, noch des, das unten auf Erden […] ist." Nach einer Prosaskizze mit der Überschrift „Der andorranische Jude", der die Fabel des späteren Dramas *Andorra* enthält, schreibt er:

> „Du sollst dir kein Bildnis machen, heißt es, von Gott. Es dürfte auch in diesem Sinne gelten: Gott als das Lebendige in jedem Menschen, das, was nicht erfaßbar ist. Es ist eine Versündigung, die wir, so wie sie an uns begangen wird, fast ohne Unterlaß wieder begehen – Ausgenommen wenn wir lieben." (Tgb., 30)

Bildnisverbot in Bezug auf Menschen

Nach diesem Gebot aus dem Alten Testament will Gott nicht, dass sich der Mensch klar umrissene Vorstellungen von ihm macht, weil diese Vorstellungen Festlegungen bedeuten und nicht imstande sein können, Gottes Unbedingtheit und Unbegreiflichkeit zu erfassen. Für Frisch ist Gott das „Lebendige in jedem Menschen". Deshalb gilt für ihn das Bildnisverbot auch in Bezug auf den Menschen, der eine unverwechselbare Identität besitzt, die verwirklicht werden muss. Auch sein Wesen ist unfassbar und darf nicht durch „Bildnisse" eingeengt und in seiner Entfaltung, in seiner Entwicklung zur Individualität, in seiner Identitätsfindung behindert werden. Die Kraft, die den Menschen befähigt, sich vom anderen kein „Bildnis" zu machen, ihm also nicht mit vorgefassten Meinungen zu begegnen, sondern ihn in seiner Persönlichkeit zu achten, ist für Frisch die Liebe. Ihr Wesen besteht darin,

Wesen der Liebe

> „daß sie uns in der Schwebe des Lebendigen hält, in der Bereitschaft, einem Menschen zu folgen in allen seinen möglichen Entfaltungen. Wir wissen, daß jeder Mensch, wenn man ihn liebt, sich verwandelt fühlt, wie entfaltet, und daß auch dem Liebenden sich alles entfaltet, das Nächste, das lange Bekannte. Vieles sieht er wie zum ersten Male. Die Liebe befreit es aus jeglichem Bildnis. Das ist das Erregende, das Abenteuerliche, das eigentlich Spannende, daß wir mit den Menschen, die wir lieben, nicht fertig werden: Weil wir sie lieben, solang wir sie lieben." (Tgb., 26)

„Bildnisse" als Folge der Lieblosigkeit

Wenn die Liebe aufhört, endet auch die Offenheit für die Wandelbarkeit des anderen. An ihre Stelle treten „Bildnisse", wie Frisch sagt, also feste Vorstellungen, Vorurteile, Klischees. Diese können den andern in seinem Verhalten so beeinflussen, dass er sich so verhält, wie man es von ihm erwartet, und damit seine Identität verfehlt. Deshalb sagt Frisch: „Man macht sich ein Bildnis. Das ist das Lieblose, der Verrat."

Mit „Bildnis" meint Frisch nicht die Vorstellungen oder Bilder, die der Mensch sich zu seiner Orientierung in der Welt machen muss, die zur Ordnung seiner Wahrnehmungen notwendig sind, sondern die erstarrten, unflexiblen Vorstellungen von sich selbst, von andern und von der Welt, wodurch dem Ich oder den andern die Möglichkeit zur Entwicklung verwehrt wird.

Weg zum Ich

Frischs Forderung, auf Bildnisse zu verzichten, bezieht sich auch auf die eigene Entwicklung, auf den Weg zum eigenen Ich. Auch das eigene Ich soll „geliebt", d. h. so, wie es ist oder sich entfaltet, angenommen werden. Es kann aber auch verfehlt werden, und zwar durch das „Bildnis", das sich der Mensch von sich selbst macht. Dieses „Bildnis“ ist jedoch zum großen Teil gesellschaftlich vermittelt: Das Ich erlebt die Erwartungen und Vorstellungen, die von andern an es herangetragen werden, und richtet sich danach – oder gerade nicht. Damit lässt es sich von seiner Umwelt in ein bestimmtes Muster, in ein „Klischee“ drängen und entfremdet sich so seiner Identität, seinem eigentlichen Wesen.

Selbstbild und Gesellschaft

Das Selbstbild, die „Rolle“ eines Menschen, ist also in starkem Maße die Auswirkung des Bildes, das sich die Gesellschaft von ihm macht – und umgekehrt: Der Mensch gestaltet und deutet sein Leben, sein Verhalten sich und den andern gegenüber so, wie es die von ihm angenommene, gesellschaftlich vermittelte Rolle fordert. Deshalb kann Frisch sagen: „In gewissem Maße sind wir wirklich das Wesen, das die andern in uns hineinsehen [...]. Und umgekehrt: Auch wir sind die Verfasser der andern [...].“ (Tgb., 27 f.)

Gesellschaftliche Vorurteile

Frisch verknüpft in *Andorra* die Bildnisproblematik des Einzelnen, Andris, mit den gesellschaftlichen Vorurteilen der vielen, der Andorraner, mit ihrem Antisemitismus. Dazu verwertet er die Erkenntnisse der Sozialpsychologie und ihrer Stereotypenlehre: Nicht nur Einzelpersonen machen sich Bildnisse voneinander, sondern auch gesellschaftliche Gruppen von andern gesellschaftlichen Gruppen, besonders von Minderheiten.

Stereotypen

Bildnisse dieser Art werden als gesellschaftliche Vorurteile oder Stereotypen bezeichnet. Darunter versteht man feste, aber nicht auf ihre Richtigkeit überprüfte Vorstellungen und Überzeugungen einer Gruppe, der Eigengruppe, in Bezug auf eine andere, die Fremdgruppe. Diese sozialen Vorurteile der Fremdgruppe gegenüber werden im Kontakt der Mitglieder der Eigengruppe untereinander ohne Überprüfung an der Wirklichkeit bestätigt. Sie bieten dem einzelnen Mitglied der Eigengruppe Orientierungsmöglichkeiten und stärken sein Selbstbewusstsein durch das Gefühl, anders, höherwertig zu sein.

Selbstbild und Fremdbild

Das Selbstbild der Gruppe, also das Bild, das sich die Gruppenmitglieder von ihrer eigenen Gruppe machen, ist in der Regel positiv, während das Fremdbild, also das Bild, das sie von der Fremdgruppe, den „anderen“ haben, in der Regel negativ ist. Eigengruppen-Angehörige schreiben sich überwiegend positive, der fremden Gruppe und ihren einzelnen Mitgliedern aber überwiegend

negative Eigenschaften zu, besonders wenn es sich um Minderheiten handelt. Der Selbstidealisierung einerseits entspricht die Fremderniedrigung andererseits.
Eigengruppen gehen oft noch weiter. Sie haben die Neigung, die eigenen negativen Eigenschaften auf die Fremdgruppe zu projizieren, d.h. in die andern die eigenen Mängel hineinzusehen. Im Extremfall führt dieses Verhalten dazu, dass die andere Gruppe oder einzelne ihrer Mitglieder als „Sündenbock" angesehen werden, die für das eigene Missgeschick oder Versagen verantwortlich gemacht werden, auf die die eigene Schuld übertragen und von denen sie stellvertretend gebüßt werden soll.
Diese primitive, aber das Ich entlastende Form des Denkens und Verhaltens wird schon im Alten Testament (3. Buch Mose 16,20–22) beschrieben: Moses fordert die Kinder Israels auf, am Versöhnungsfest alle ihre Sünden und Missetaten symbolisch einem Bock „auf das Haupt" zu legen und diesen damit in die Wüste zu treiben. Auf diese Weise seien sie entsühnt und frei von Schuld.

Abwehrmechanismen

Projektion und Sündenbock-Jagd sind Abwehrmechanismen, d.h. Verhaltensweisen, durch die einzelne Menschen oder Gruppen unangenehme Erlebnisse oder Verhaltensweisen, die mit Angst oder Strafe verbunden sind, loswerden wollen. Dahinter steht die Vorstellung, seelische Belastungen könnten wie körperliche einfach auf jemand anders verschoben oder übertragen werden.

„Verdrängung"

Ebenso wichtig für Einzelne oder Gruppen ist das Abwehrverhalten der Verdrängung. Durch diesen seelischen Prozess werden subjektive Belastungen, die mit Angst oder Schuldgefühlen verbunden sind, vom Bewusstsein ausgeschlossen, „vergessen". Der an sich normale seelische Vorgang tritt im Leben immer dann in Aktion, wenn man innere Widersprüche nicht mehr bewusst verarbeiten kann oder will, und dient der Erleichterung des Leidens an einer schmerzhaften Realität.

„Identifikation"

Wichtig für die unterlegene Fremdgruppe ist auch noch ein anderer Abwehrmechanismus, nämlich die Identifikation mit dem Stärkeren bzw. dem Angreifer. Durch die Übernahme der Vorstellungen und Normen des Stärkeren wird Angst vermindert und entsteht Hoffnung auf Strafvermeidung. Die schwächere Minderheit kann in ihrer Angst vor Strafe bis zur Selbstaufgabe gehen. Sie nimmt auch die negativen Vorurteile, die Rollenerwartung an, die die übermächtige Gruppe an sie heranträgt. Damit wird deren Fremdbild zum Selbstbild der Minorität oder der Schwächeren, die auf diese Weise ihre Identität verleugnen und verlieren.

Diesen Mechanismus, der soziale Vorurteile der Eigengruppe zu sozialem Verhalten der Fremdgruppe werden lässt, wobei sich die Vorurteile gleichsam selbst bestätigen, nennt man in der Soziologie und Psychologie eine sich selbst erfüllende Prophezeiung („self-fulfilling prophecy"). Durch ein solches Verhalten erreicht die schwächere Minderheit oft, dass die Mehrheit sich in ihren Vorurteilen bestätigt fühlt und auf aggressive Handlungen verzichtet. Dies erklärt auch, warum in Vorurteilen gelegentlich ein Kern Wahrheit zu stecken scheint.

„self-fulfilling prophecy"

Das Problem des Antisemitismus

Anfänge des Antisemitismus

Die Anfänge des Antisemitismus, der Feindschaft gegen die Juden, liegen schon in vorchristlicher Zeit. Im Buch Esther des Alten Testaments wird über eine Judenverfolgung im Perserreich zur Zeit des Königs Xerxes (485–465) berichtet, die aus ähnlichen Motiven wie in späterer Zeit geschah: Der jüdische Glaube an einen Gott erregte Ärgernis in einer Gesellschaft, die verschiedene Staatsgötter kannte und dem Herrscher göttliche Ehren erwies. Hinzu kam, dass die Juden als Händler in einer bäuerlichen Gesellschaft eine privilegierte Minderheit darstellten und wegen ihres Reichtums an beweglichen Gütern beneidet und auch ausgeplündert wurden.

Juden und Christen im frühen Mittelalter

Für die Christen in späterer Zeit waren die Juden kein fremdes, sondern das auserwählte Volk, dem der Messias gesandt war. Dessen Verhöhnung und Tötung wurde ihnen als böswillige Verstockung ausgelegt. Deshalb erhoben schon Kirchenväter des frühen Mittelalters den Vorwurf des „Gottesmordes", mit dem sich antijüdische Ausschreitungen rechtfertigen ließen. Bis ins Hochmittelalter hinein bestand jedoch keine ausgesprochene Feindschaft zwischen der übrigen Bevölkerung und den Juden, die überwiegend in günstigen wirtschaftlichen Verhältnissen lebten und von den Mächtigen geschützt wurden.

Beginn der Judenverfolgung

Erst seit dem Ersten Kreuzzug (1096–99) änderte sich die Situation: Auf ihrem Weg ins Heilige Land überfielen die Kreuzfahrer die jüdischen Gemeinden in Lothringen und am Rhein und rotteten sie zum Teil aus. Dies war der Beginn einer jahrhundertelangen Verfolgung. Dabei wurde der religiöse Vorwurf des „Gottesmordes" als Deckmantel für wirtschaftliche Motive der Pogrome benutzt: Beutegier und zum Teil erhebliche Verschuldung der Christen bei den Juden. Hinzu kam zur Zeit des Zweiten Kreuzzuges (1146) noch der Vorwurf des Ritualmordes an Christenkindern im Zusammenhang mit Hostienschändung.

Diskriminierung der Juden

Tiefpunkt dieser Entwicklung sind an die jüngste Vergangenheit erinnernde Forderungen des IV. Laterankonzils (1215): Juden sollen sich von Christen durch ihre Kleidung unterscheiden, der Judenfleck und der gehörnte Hut, der sie der Lächerlichkeit preisgab, wurden geschaffen. Die Absonderung der Juden durch die Errichtung von Ghettos wurde von nun an die Regel.

Höhepunkt der Judenverfolgung

Ein Höhepunkt der Judenverfolgung liegt in der Zeit der europäischen Pestepidemie von 1347–49, die in Europa ca. 25 Millionen Menschenleben forderte. In dieser Zeit mussten die Juden die Sündenbock-Funktion übernehmen, die sie nicht mehr loswurden: Da sie mäßiger lebten, strenge Essensvorschriften kannten und über bessere Hygiene verfügten als die Christen, starben weniger Juden als Christen an der Pest. Deshalb wurde ihnen der Vorwurf der „Brunnenvergiftung" gemacht. Über 300 jüdische Gemeinden wurden in Deutschland vernichtet, und es kam bis ins 16. Jahrhundert zu einer Welle von Vertreibungen aus den Ländern Westeuropas und vielen Gebieten Mitteleuropas. Die Juden zogen in die rückständigen Länder Osteuropas.

Gründe der Judenverfolgung

Tiefere Gründe für die Verfolgungswellen liegen im wirtschaftlichen Bereich. Der Aufstieg der Städte und der immer mehr von Christen getragene Handel mit dem Orient machte die Juden als Händler langsam überflüssig. Da man sie auch nicht in die christlichen Kaufmannsgilden und Handwerkerzünfte aufnahm, wurden sie immer mehr in das Zinsgeschäft abgedrängt, zumal die Verschärfung des Zinsverbots für Christen die Rolle der Klöster als Kreditgeber beendete. Die Juden mussten hohe Zinsen nehmen, da ihre Schuldner kaum Sicherheiten geben konnten und sie selbst oft ausgeplündert wurden.

Durch diesen „jüdischen Wucher" zogen sie sich den Hass aller Schichten der Bevölkerung zu. Gleichzeitig wurden sie auch nicht mehr von den Königen und Fürsten als Geldgeber gebraucht, da große Handelshäuser wie die Fugger und Welser ihre bisherige Funktion übernahmen. Deshalb wurden die Juden nicht mehr von den Mächtigen geschützt, konnten verfolgt und ausgewiesen werden.

Hass gegen Juden

Folgenreich in der Geschichte der Verfolgung der Juden ist Luthers Einstellung zu ihnen. In seinen jungen Jahren war er ihnen wohlgesonnen, weil er auf ihre Bekehrung hoffte. Da diese ausblieb, bekämpfte er in seinen späteren Jahren heftig ihre „Verstocktheit". In seiner 1543 erschienenen Streitschrift „Von den Juden und ihren Lügen" gibt er Ratschläge für den Umgang mit den Juden: Man soll ihre Synagogen und Schulen anzünden, ihre Häuser zerstören, ihnen Schutz auf den Straßen verwehren, ihnen den Wucher verbieten und alle Barschaft und alles Gold abnehmen, da sie dies den Deutschen durch ihren Wucher gestohlen hätten: „Dafür mag man sie etwa unter ein Dach oder Stall tun, wie die Zigeuner, auf daß sie wissen, sie seien nicht Herren in unserem Lande." (Zit. nach: Oomen/Schmid, Hrsg., 1978, S. 14 f.) Luthers Schrift enthält auch schon das antisemitische Stereotyp (Vorurteil, Klischee), dass die Juden ein unproduktives, parasitäres Volk seien, das von der Arbeit der Christen lebe. Schon er nahm also die Folge ihres Ausschlusses von allen „ehrbaren" Berufen, die Verlagerung auf Geldgeschäfte, als Ursache an.

Luthers Einstellung

Kleineren jüdischen Gemeinschaften gelang es, im Westen und Süden Deutschlands bis zum Ende des 18. Jahrhunderts in niederen Positionen, als Hausierer, Trödler und Geldverleiher, zu überleben. Ein kleiner Teil von ihnen wurde zur Zeit des Absolutismus und des Dreißigjährigen Krieges zu Finanzagenten der fürstlichen Höfe. Damit zogen sie sich den Hass all derer zu, die unter der fürstlichen Willkür zu leiden hatten. Da diese „Hofjuden" aus verschiedenen Ländern oft miteinander verwandt waren, entstand das antisemitische Stereotyp von der „jüdischen Weltverschwörung". Auf diese Weise erfüllten die Juden in idealer Weise die Bedingungen, die eine Gruppe zum Opfer sozialer Vorurteile der anderen macht: Sie waren einerseits eine unterprivilegierte, schwache

Leben der Juden bis zum 18. Jh.

Minderheit, die man ungestraft angreifen konnte, und sie konnte andererseits als bedrohlich empfunden werden, was den Zusammenhang der Eigengruppe stärkte.

Emanzipation seit der Aufklärung

Die Lage der Juden änderte sich erst durch die Aufklärung. Sie brachte ihnen Verbesserung von Bildung und Erziehung und schuf damit die Voraussetzung zur Anpassung an die Umwelt. In der Französischen Revolution und zur Zeit Napoleons wurde die jüdische Emanzipation verstärkt fortgesetzt, erreichte mit dem preußischen Emanzipationsedikt von 1812 einen rechtlichen Höhepunkt und wurde nach vielen Rückschlägen 1869 und 1871 vollendet.

Jüdisch-christliche Spannungen im 19. Jh.

Auf der gesellschaftlichen und wirtschaftlichen Ebene blieben allerdings Spannungen bestehen, die durch die wirtschaftliche Entwicklung im Deutschen Reich Ende des 19. Jahrhunderts verstärkt wurden:

- In vielen Berufen, die bisher den Christen vorbehalten waren, erschienen jetzt jüdische Konkurrenten.
- Während der Industrialisierung suchten die Opfer dieser Veränderung, kleine Selbstständige in Handel, Gewerbe und Landwirtschaft, Schuldige für ihren gesellschaftlichen Abstieg. Sie fanden sie in jüdischen Händlern und Kaufleuten, die so zu „Sündenböcken" wurden.

Antisemitismus Ende des 19. Jh.s

So ist es erklärlich, dass in der Zeit der wirtschaftlichen Depression nach 1873 der Antisemitismus – der Begriff wurde 1879 geprägt – zu einem Hauptventil zur Äußerung von politischer und sozialer Unzufriedenheit wurde. Aufgegriffen und verstärkt wurde er von maßgeblichen Persönlichkeiten, so vom Berliner Hofprediger Adolf Stoecker und vom Historiker Heinrich von Treitschke. In diesem Antisemitismus des Kaiserreichs sind schon alle Merkmale des späteren Antisemitismus entwickelt worden. Er wurde politisch gesehen und als Teil einer Rassenideologie aufgefasst. Auf diese Gedanken greift dann der Nationalsozialismus zurück.

Die gesellschaftliche Problematik: Die Andorraner

Selbstbild, Fremdbild und Verhalten der Andorraner

- Die Personen sind Repräsentanten verschiedener Gruppen der andorranischen Gesellschaft in ihrem klischeehaften Denken, ihrer Autoritätsgläubigkeit und ihrem Opportunismus.
- Ihr Selbstbild ist positiv: Heimatverwurzelung, Freiheit, moralische Überlegenheit, Gefühlsbezogenheit, Bescheidenheit und Überlegenheitsgefühl allem Fremden gegenüber.
- Ihr Fremdbild ist negativ: Ablehnung alles Fremden und besonders der Juden gemäß der langen anti-jüdischen Tradition. Ihnen werden die eigenen negativen Eigenschaften und Verhaltensweisen als Vorurteile klischeehaft zugeschrieben.
- Vorurteile ermöglichen Zusammenleben, da sie die Gruppe einen und zur Selbstentlastung von Schuldgefühlen und Angst beitragen.
- Sie sind oft eine Projektion negativer Verhaltensweisen auf einen „Sündenbock".

Bild der andorranischen Gesellschaft

Frisch führt dem Leser in den einzelnen Personen die andorranische Gesellschaft in ihrem Rollenverhalten vor. Diese Personen üben traditionelle Berufe mit fest umrissenen Aufgaben aus und haben keine Schwierigkeiten mit modernen Lebensweisen oder Arbeitsverhältnissen. Sie kennen sich untereinander, sehen sich auf dem Marktplatz oder im Wirtshaus und sprechen dort miteinander über wichtige oder alltägliche Neuigkeiten.

Personen als Repräsentanten von Gruppen

Die Personen sind Repräsentanten verschiedener Gruppen der andorranischen Gesellschaft. Gemeinsam ist ihnen, dass sie alle in klischeehaftem Denken befangen sind, sich autoritätsgläubig und opportunistisch verhalten und den jeweiligen Machtverhältnissen problemlos anpassen.

Dabei wirken die einzelnen Personen nicht ausgesprochen bösartig, keiner von ihnen würde Andri ermorden. Aber sie empfinden als Einzelne keinerlei Verantwortungsgefühl für das, was sie als Kollektiv, als Gruppe tun oder zulassen. Um Leben und Besitz zu erhalten, unterwerfen sie sich der jeweils herrschenden Meinung oder der jeweiligen Macht. Die allgemeine Ansicht, Andri sei

Jude, bringt sie dazu, Andri und später auch Barblin zu diskriminieren.

Das Selbstbild der Andorraner

Positives Selbstbild

Typisch für alle Andorraner ist das ausgesprochen positive Selbstbild, das sie von sich und ihrem Kleinstaat haben. Andorra ist für sie ein „schönes", „friedliches" und „frommes" Land (12), ein „Hort des Friedens und der Freiheit und der Menschenrechte" (64). Seine Bewohner sind „ein Volk ohne Schuld" (66), und kein anderes Volk ist „so beliebt wie wir", wie der Wirt meint.
Deshalb fühlen sich die Andorraner den Schwarzen gegenüber moralisch weit überlegen und haben als tapfere Menschen und heimatverwurzelte Patrioten trotz deren Übermacht „keine Angst" (22) vor ihnen. Das mutige Verhalten ist die beste Voraussetzung für die Verteidigung des „kleinen", aber „freien Landes" (39), in dem „noch […] ein altes und heiliges Gastrecht" gilt (65). Deshalb lautet der Wahlspruch: „Lieber tot als Untertan." (21)

Mitglieder des Kollektivs

Die einzelnen Andorraner sehen sich immer als Mitglieder eines Kollektivs, dem sie positive Eigenschaften zuschreiben, die sie für sich persönlich in Anspruch nehmen: „Der Andorraner macht keine Bücklinge" (38), sagt der Doktor. Grundlage ihres Wesens ist das „Gefühl" (60). Dazu passt auch, dass sie, wie der Tischler beteuert, großzügig sind und nicht feilschen (vgl. 15, 31).
Die Andorraner haben nach ihrer Ansicht noch mehr positive Eigenschaften. Sie sind schlichte, bescheidene Menschen und lehnen deshalb Titel ab: „Bei uns gilt ein jeder, was er ist" (38), sagt der Doktor.

Unkritische Haltung

Gegenstimmen gegen diese Selbstbeweihräucherung und Verdrängungsideologie gibt es nicht. Der Wirt stellt zwar fest, dass die Andorraner genauso aufs Geld aus sind „wie der Jud" (16), er meint dies aber nicht negativ. Nur der Jemand verhält sich distanziert diesen Äußerungen gegenüber: Er lacht gern, wenn große Worte fallen. Wirklich kritisch gegenüber diesem grotesk positiven Selbstbild äußern sich nur der Lehrer und Andri, die das tatsächliche Verhalten der Andorraner am eigenen Leibe erfahren: „Sie werden ihr eignes Blut noch kennenlernen" (16), sagt der Lehrer zum Wirt. Und Andri fragt in ohnmächtiger Wut, als der Tischler ihm den missratenen Stuhl des Gesellen anlastet und die Wirklichkeit einfach ignoriert, um an seinen Vorurteilen festhalten zu können: „Wieso seid ihr stärker als die Wahrheit?“ (34)

Das Fremdbild der Andorraner

Die Andorraner sind „stärker als die Wahrheit“ wegen ihres völlig unkritischen kollektiven Selbstverständnisses, das dem einzelnen Glied der Gesellschaft Sicherheit und Halt bietet. Dieses positive Selbstbild kann nur aufrechterhalten werden, wenn es zu einem negativen Fremdbild, also einem Bild von anderen, in Gegensatz gesetzt werden kann. Das Fremdbild, das sich den Andorranern anbietet, ist das des Juden: Als „Jud“ wird ihnen Andri vom Lehrer angeboten. Deshalb behandeln und beurteilen sie ihn entsprechend den primitiven Klischees, die ihnen durch die antisemitische Tradition überliefert wurden.

Negatives Fremdbild

Fachleute wie der Judenschauer können nach Meinung der Andorraner Juden schon körperlich von Andorranern unterscheiden: Sie erkennen sie „an den Füßen“ und sogar „am bloßen Gang“ (100). Aber auch schlichte Andorraner glauben zu wissen, wie Juden sind: Sie erkennen sie an der Geste des Händereibens (vgl. 30), die als typisch jüdischer Ausdruck für Freude gilt. Außerdem sind Juden von Natur aus feige, und auch Andri muss so sein, weil er eben „Jud“ ist (vgl. 22). Als feiger Jude muss er sich unterwürfig verhalten und „sich beliebt machen“ (20).

Bild des Juden

Das Gefühlsleben der Juden ist verkümmert. Deshalb ist Andri zwar „geil, aber ohne Gemüt“ (25). Sogar der Pater meint, Juden seien „Geschöpfe [...], die mehr Verstand haben als Gefühl“ (60), als er Andri dazu bringen will, doch endlich seine Rolle als Jude zu akzeptieren. Nicht-Juden stört an Juden deren „Überempfindlichkeit“ (59) sowie die Tatsache, dass sie humorlos sind und keinen Spaß verstehen (vgl. 41).

Besonders unangenehm für einen „schlichten Andorraner“ wie den Doktor ist der jüdische „Ehrgeiz“: Jüdische Wissenschaftler haben sich gegen die Andorraner verschworen und „hocken auf allen Lehrstühlen der Welt“ (40). Die Andorraner wissen auch, über welche Art von

Begabung die Juden verfügen: Für ein solides Handwerk sind sie völlig ungeeignet, „haben's nicht im Blut" (14), denken „alleweil nur ans Geld" (21) und sollten deshalb „Makler" werden oder lieber „zur Börse" (14) als in eine Lehre gehen.

Vorteile von Klischees

Ein Gegenbeweis gegen diese Klischees, Andris solider Stuhl, wird einfach nicht zur Kenntnis genommen, da man einerseits von lieb gewordenen Vorurteilen nicht abrücken will und man sich andererseits Vorteile davon verspricht, wenn der „Jud" in den „Verkauf" geht (32) und mit seiner „Schnorrerei" (34) Geld verdienen hilft. Wenn der Tischler sagt: „Das ist's, was deinesgleichen im Blut hat" (ebd.), nämlich das Geldverdienen, so greift er mit diesem rassistischen Klischee vom geldgierigen Juden, zu dessen Wesen das Schachern gehört, auf eine lange Tradition antisemitischer Vorurteile zurück.

Verhalten der Andorraner

Falsches Selbstbild

An diesem letzten Beispiel wird besonders deutlich, in welchem Verhältnis Selbstbildnis und tatsächliches Verhalten der Andorraner zueinander stehen. Unübersehbar sind ihre Geldgier und ihr Geiz: Der Tischler gibt ungern Trinkgeld (vgl. 10), fordert einen Wucherpreis für Andris Lehrstelle (vgl. 14) und drückt die Provision Andris für die verkauften Stühle (vgl. 34). Der Wirt nutzt skrupellos die Notlage des Lehrers, der, um Andris Lehre zu bezahlen, Land verkaufen muss, zu seinem eigenen finanziellen Vorteil aus.

Widersprüche zwischen Selbstbild und Verhalten

Aber auch andere Meinungen der Andorraner werden als Vorurteile entlarvt: Der Geselle, dem die andorranische Wertarbeit im „Blut" liegen müsste, arbeitet schlampig und drückt sich feige vor der Verantwortung. Der Doktor, der behauptet, er sei ein bescheidener Mensch, dem nichts an Titeln liege, lässt durch sein Auftreten erkennen, dass er sowohl ehrgeizig als auch titelsüchtig ist. Er sucht seine Vorurteilsbefangenheit zu verschleiern und rationalisiert sein Versagen, das heißt, er bemäntelt es dadurch, dass er für seine berufliche Erfolglosigkeit nicht den eigentlichen Grund sieht, seine Unfähigkeit, sondern andere Gründe vorschiebt, die sein Selbstwertgefühl nicht berühren: den jüdischen Ehrgeiz und die jüdische Weltverschwörung.

Bei den Andorranern gilt auch nicht jeder, „was er ist" (38): Dem Gesellen wird das positive Andorraner-Bild angetragen, während Andri durch die Brille antisemitischer Vorurteile gesehen wird. Extrem deutlich wird der Widerspruch zwischen dem Selbstbild der Andorraner und ihrem tatsächlichen Verhalten am Verhalten des Soldaten: Er singt ein anstößiges Lied (vgl. 22), stellt Andri hinterlistig ein Bein (vgl. 19), vergewaltigt Barblin vermutlich (vgl. 49 ff.) und schlägt Andri, den die andern Soldaten festhalten, feige zusammen (vgl. 79 f.). Gefühllosigkeit, Rohheit, Geilheit und Feigheit sind seine hervorstechenden Eigenschaften. Sein Wahlspruch: „Lieber tot als Untertan" verkehrt sich im Augenblick der Gefahr ins Gegenteil: Er stellt sich in den Dienst der schwarzen Eindringlinge, sorgt in ihrem Auftrag für Ruhe und Ordnung und führt bedenkenlos ihre unmenschlichen Befehle aus. Ihm gelingt die vollständige Identifikation mit dem Angreifer.

Phrasen

Aber auch die andern Andorraner überbieten sich in unterwürfigem und feigem Verhalten. Der Satz vom „alten und heiligen Gastrecht" stellt sich als Phrase heraus: Die Senora wird getötet, und zwar von ihrem Gastgeber. Die Kennzeichnung Andorras als „Land ohne Schuld", „Hort der Freiheit und der Menschenrechte" wirkt grotesk: Genau das Gegenteil ist der Fall, Andorra ist ein schuldbeladenes Land, in dem die Minderheit unterdrückt wird.

Andri als Objekt der Projektion

Andri verhält sich anfangs so, wie es die Andorraner zu tun glauben, er verkörpert also ihre vorgeblichen Tugenden. Aber die Andorraner sehen in ihn ihre eigenen negativen Eigenschaften und Verhaltensweisen hinein: Der erfolglose Doktor betont den Ehrgeiz, der geschäftstüchtige Wirt die Geldgier, der feige Soldat die Feigheit als typisch jüdische Eigenschaften und Verhaltensweisen. Sie „projizieren" also, d.h. sie übertragen eigene, unerwünschte Eigenschaften und Verhaltensweisen auf

Zweck des positiven Selbstbildes

Andri und benutzen ihn als Sündenbock. Ihr positives Selbstbild dient also einer verlogenen Selbstrechtfertigung. Um sich gegen heimliche Zweifel abzusichern, projizieren sie ihre eigenen Fehler auf den „Sündenbock" Andri. Damit sie hierbei ein gutes Gewissen haben, rechtfertigen sie ihr Verhalten mit kollektiven Werten wie Ehrlichkeit, Bescheidenheit, Freiheit, Frieden, Menschenrechte.

Irrationale Gründe für Vorurteile

Dieses psychologische Bedürfnis nach Abwehr, nach Ausschaltung von unerwünschten Verhaltensweisen und Eigenschaften durch Projektion auf den andern, auf „Andri", ist ein wesentliches Motiv für die Vorurteile der Andorraner. Andere irrationale Gründe verstärken dieses Motiv noch: Der Soldat sieht in Andri den Nebenbuhler, den er leichter ausschalten kann, wenn er ihn in die negativ bewertete Rolle des Juden drängt. Der Doktor hat Angst vor dem beruflichen Konkurrenten und wertet ihn durch das Klischee „Jude" ab. Ebenso geht der Tischler vor: Er befürchtet möglicherweise zukünftige Konkurrenz, die er ausschalten und in eine für ihn ungefährliche Position bringen will. Dazu verhilft ihm das Bild vom geschäftstüchtigen Juden: Es bringt ihm – und dem Wirt – Geld ins Haus und rettet dem Gesellen den gefährdeten Arbeitsplatz. Es wird deutlich, dass die antisemitischen Vorurteile nicht nur aus irrationalen Bedürfnissen hervorgehen, sondern auch durchschaubaren handfesten materiellen Interessen dienen.

Materielle Interessen

Bedeutung der Vorurteile für die Andorraner

Frisch führt vor, welche Bedeutung das Vorurteil für die Gruppe der Andorraner hat: Es einigt sie, entlastet sie von Schuldgefühlen und Angst und ermöglicht durch das positive Selbstbild ein harmonisches Zusammenleben: Mit gutem Gewissen können sie geizig, geldgierig, ehrgeizig, geil und feig sein – diese negativen Eigenschaften projizieren sie auf den Sündenbock, den „Juden" Andri.

Die Identitätsproblematik: Andri

Die Identitätsproblematik: Andri	
	→ Frisch verknüpft in *Andorra* das Antisemitismus- mit dem Bildnisproblem. → Er zeigt auf, wie sich Andri unter gesellschaftlichem Druck von seiner eigentlichen Identität als Andorraner entfernt, bis er schließlich die Rolle des Juden akzeptiert. → Dadurch erfolgt für die Andorraner eine Bestätigung ihrer Vorurteile. → Dieses Verhalten entspricht den Erkenntnissen der Soziologie, wonach das Selbstbild eines Menschen in einem wechselseitigen Verhältnis zu den Bildern steht, die sich andere von ihm machen.

Phasen von Andris Entwicklung

Andris Entwicklung zum „Jud“ verläuft in drei Phasen:

1. Andris anfängliches Selbstbild. Er will so sein, wie die andern Andorraner zu sein glauben.
2. Andris Identitätskrise. Er kämpft gegen das „Bildnis“ an, das sich die Andorraner von ihm machen.
3. Andris neue „Identität“. Er akzeptiert schließlich, „Jud“ zu sein.

Andris Selbstbild

Andri als positiver Andorraner

Die ersten Bilder des Dramas zeigen, dass Andris tatsächliches Denken und Verhalten im Gegensatz zu dem – negativen – Bild steht, dass sich die Andorraner von ihm machen. Er kann seine angebliche Andersartigkeit nicht erkennen, will sie deshalb auch nicht wahrhaben. Deshalb tut er zunächst alles, um die Andorraner von ihrer Meinung abzubringen und sie davon zu überzeugen, dass er so ist, wie sie sein wollen: Er verschwendet sein Geld im Orchestrion (vgl. 13). Er ist so bescheiden, dass er nicht zu den „Lehrstühlen der Welt“ (39) strebt, sondern den „andorranischen Beruf“ (38) des Tischlers erlernen will, zu dem er von seiner handwerklichen Geschicklichkeit her geeigneter ist als der Geselle. Er reagiert gefühlsbetont und überschwänglich, als er hört, dass er das Tischlerhandwerk erlernen kann (vgl. 18), und verhält sich den Andorranern gegenüber zurückhaltend und bescheiden. Aber als ihm bei der Lehrlingsprobe Unrecht geschieht, vertritt er mutig seinen Standpunkt (vgl. 33 f.). Wie die andern andorranischen Jungen will er Fußball spielen (vgl. 30). Er liebt Barblin und will sie heiraten. Wäre er „geil“ wie der Soldat, so hätte er sie längst verführt. Das „Bildnis“, das sich die Andorraner von ihm machen, hat noch keine vergewaltigende Wirkung. Andri ist in seiner Persönlichkeit noch offen, lebendig, nicht festgelegt und erstarrt.

Intention Frischs

Frisch macht an Andris Beispiel die Unsinnigkeit von antisemitischen Klischeevorstellungen deutlich. Andri ist „andorranischer“ als die Andorraner. Er verkörpert, zumindest teilweise, die von ihnen beanspruchten Tugenden, während sie in ihn ihre eigenen negativen Verhaltensweisen projizieren.

Andris Identitätskrise

Andris Distanz zur Gesellschaft

Schon das erste Bild zeigt, dass sich Andri in Distanz zur andorranischen Gesellschaft befindet. Gleich nach der Szene, in der er sich glücklich fühlt und „seinen Namen in die Luft werfen“ möchte, weil er Tischler werden darf (18), kommt die ernüchternde Erfahrung mit dem Soldaten, der „ein Aug“ auf Barblin, Andris Verlobte, hat und ihn als „Jud“ bezeichnet (vgl. 19 f.). Als solcher muss er sich später vom Tischler und vom Gesellen demütigen lassen (3. Bild). Diese Erlebnisse zeigen ihm, dass ihm die andorranische Gesellschaft nicht die Freiheit lässt, sich nach seinen Wünschen und Fähigkeiten zu entwickeln. Sie zwingt ihn vielmehr in die Klischees von „jüdischem“ Verhalten und nimmt die Wirklichkeit, das tatsächliche Verhalten, einfach nicht zur Kenntnis, weil sie sich dann selbst mit ihren Fehlern in Frage stellen müssten. Andri sieht sich gegen seinen Willen in Konfrontation mit der Gesellschaft und zeigt immer mehr Wirkung. Zuerst reagiert er passiv, nachdenklich, später aktiv, sogar aggressiv.

Andris Reaktionen

Nachdenklich verhält er sich am Anfang des zweiten Bildes, im Gespräch mit Barblin, nach der Provokation durch den Soldaten. Ihrem Liebeswerben gegenüber bleibt er unempfindlich. Er „denkt“ (25, 27) über die Vorurteile nach, denen er sich gegenübersieht, und fragt sich, „ob's wahr ist, was die andern sagen“ (25), dass er „anders“ sei „als alle“ (27). Damit ist er dem Vorurteil des Paters, mehr Verstand als Gefühl zu haben (vgl. 60), schon verfallen, es bleibt ihm bei dieser Belastung auch nichts anderes übrig, als zu denken und seine Identität in Frage zu stellen.

Frage nach dem Anderssein

Die Frage nach seinem Anderssein stellt er später noch einmal dem Pater, als dieser mit Andri sprechen soll: „Stimmt das, Hochwürden, daß ich anders bin als alle?“ (56) Aber schon im Gespräch mit Barblin meint er hellsichtig, es gebe „Menschen, die verflucht sind, und man kann machen mit ihnen, was man will, ihr Blick genügt, plötzlich bist du so, wie sie sagen. Das ist das Böse“ (27). Durch diese Flucht vor den andorranischen Vorurteilen wird er zum „Gehetzten“ und Gejagten (vgl. 57). Dieser Zustand ist aber die Folge davon, dass ihm die Andorraner mit ihren Vorurteilen begegnen, nicht die Ursache.

Verhältnis Andri – Can

Trotz zunehmender Verunsicherung durch den immer stärker werdenden gesellschaftlichen Druck ist Andri lange nicht bereit, sein Selbstbild einfach aufzugeben. Halt gibt ihm einmal das Vertrauen zu seinem „Pflegevater“ Can, zum andern die Liebe zu Barblin.

Andri wird nicht nur durch die andorranische Gesellschaft sich selbst entfremdet, sondern er wurde dies schon durch die Lüge des Lehrers, die ihn in die Rolle des Juden drängte, und er wird „Jud“ durch die Folgen dieser Lüge: Der Lehrer kann nicht zulassen, dass Andri Barblin heiratet. Da er keine Gründe nennt, muss Andri vermuten, dass er Barblin nicht heiraten darf, weil er „Jude“ ist (45). Er muss denken, dass der von ihm wegen seines Mutes bewunderte Lehrer, von dem er glaubte, dass er nicht „wie alle“ sei (52), der seine Landsleute wegen ihrer Vorurteile hart kritisierte, dass dieser Mann selbst in Vorurteilen befangen ist, wenn es um seine Tochter geht.

Andris Verbitterung

Deshalb wendet er sich enttäuscht und verbittert von Can ab. Er macht ihm bei dessen Versuch, die Wahrheit zu sagen, deutlich, dass er sich nicht mehr für ihn, sondern nur noch für sein eigenes Leben interessiere (vgl. ebd.). Er ist fast allein auf sich gestellt und gelangt zu einer Trotzhaltung, die besonders in seinem Monolog vor Barblins Kammertür deutlich wird: „Ich schleiche nicht länger herum wie ein bettelnder Hund. Ich hasse.“ (49) Der Hass ist für ihn zum letzten Mittel des Selbstschutzes, zur letzten Möglichkeit der Selbstbewahrung geworden.

Verhältnis Andri – Barblin

Einziger Halt ist zu diesem Zeitpunkt für ihn die Liebe zu Barblin. Mit Hilfe der Liebe glaubt er die innere Gefangenschaft durch die Vorurteile und auch die äußere Grenze überwinden zu können: Er will auswandern und eine neue Existenz in einem Land finden, das ihm die Freiheit zur Entfaltung seiner Individualität lässt. Tragischerweise verliert Andri seinen letzten Halt gerade dann, als er zu diesem neuen Selbstbewusstsein gefunden hat und seine Zukunft mit Barblin plant: Der Soldat steigt über ihn, der auf der Schwelle eingeschlafen ist, in Barblins Kammer und vergewaltigt sie vermutlich.

Andri kann die Situation nicht durchschauen. Aufgrund seiner bisherigen Erfahrungen muss er meinen, dass Barblin ihm untreu geworden sei, weil er Jude ist, und einen Andorraner vorzieht. Sein Selbstbewusstsein bricht

Andris innerer Zusammenbruch

zusammen. Jetzt muss er glauben, dass er wirklich so ist, wie die andern, auch Barblin, ihn sehen. Der Verlust seiner Liebe nimmt ihm den letzten Rest Hoffnung auf Überwindung der an ihn herangetragenen Rollenbegrenztheit.

Erstes Gespräch mit dem Pater

In dieser Situation kommt es auf Veranlassung der selbst noch unwissenden Mutter zum ersten Gespräch mit dem Pater.

Der Pater will, pharisäerhaft und herablassend, Andri bewegen, sein vermeintliches Anderssein endlich anzunehmen. Andri wiederholt die Vorurteile, die ihm entgegengebracht werden. Er fragt sich, „ob's wahr ist, was die andern von mir sagen: daß ich nicht bin wie sie [...]" (57), und wiederholt damit seine resignierende Frage von früher (vgl. 25). Er hofft im Stillen, der Pater werde widersprechen. Dieser tut es jedoch nicht, sondern legt ihn endgültig auf seine Rolle fest: „Du bist nun einmal anders als wir." (60) Er versucht, Andri zu einem neuen Selbstbewusstsein, zu neuer Identität zu verhelfen, indem er dessen Sonderstellung positiv wertet: Er nennt ihn einen „Prachtskerl", der „gescheiter" sei als die Andorraner (58).

Widerstand

Andri aber sträubt sich, dieses scheinbar positive Bild zu akzeptieren. Er leistet ein letztes Mal Widerstand gegen den Versuch, ihn in die Rolle des Juden zu pressen: „Ich bin nicht anders. Ich will nicht anders sein." (Ebd.) Als jedoch der Pater das Anredepronomen wechselt, Andri nicht mehr persönlich anspricht, sondern ihn verallgemeinernd in das Kollektiv der Juden einordnet und, wieder einmal Ursache und Wirkung vertauschend, von „eurer Überempfindlichkeit" spricht, die ihm auf die Nerven gehe, kommt es zu Andris „Zusammenbruch" (59), zu seinem Identitätsverlust.

Identitätsverlust

Andris neue „Identität"

Aggressivität

Andri ist nun völlig auf sich selbst gestellt. Er braucht keinerlei Rücksichten mehr zu nehmen. Er lässt sich nichts mehr gefallen, greift den Soldaten tätlich an und straft dadurch das Vorurteil vom feigen Juden Lügen – bevor er sich ausdrücklich zur Rolle des „Jud" bekennt und sich weigert, die Wahrheit zu akzeptieren. Dies geschieht während des zweiten Gesprächs mit dem Pater (9. Bild). Während jetzt Andri stolz, selbstsicher, fast arrogant

Zweites Gespräch mit dem Pater

auftritt, ist der Pater unsicher und verlegen. Er hat gemerkt, was mit seiner Hilfe angerichtet wurde, und soll Andri jetzt die ‚eigentliche' Wahrheit sagen, dass er nämlich doch kein Jude ist. Gekommen sei er, wie er sagt, Andri zu „erlösen" (78), um ihn also aus dem ihn fesselnden „Bildnis" des Juden zu befreien, in das hinein er ihn kurz zuvor noch pressen half.

Aber die „Erlösung" ist nicht mehr möglich. Der Pater scheitert an seiner eigenen Lehre. Andri, auf sich selbst zurückgeworfen, kann nun nicht mehr anders, als das ihm von der Gesellschaft diktierte „Bildnis" des Juden zu akzeptieren, zumal sich unter dessen Einfluss auch seine Persönlichkeit im Sinne dieses „Bildnisses" verändert hat: Er entwickelt Eigenschaften, die den Vorurteilen der Andorraner entsprechen, und verhält sich so, wie die andern ihn schon immer gesehen haben: Er denkt „alleweil ans Geld", hat „kein Gemüt, sondern Angst", ist „feig" und kennt „keine Heimat" (80).

Andris Anpassung an die Klischees

Andri verinnerlicht so die Vorurteile der Andorraner, verkörpert ihre negativen Verhaltensweisen und ist unter dem Druck der Gesellschaft so geworden, wie die Andorraner selbst sind, aber nicht sein wollen, so, wie sie ihn sehen wollen.

Andris neue „Identität"

Aber er hat das „Bildnis" des Juden auch angenommen, weil er sich aus existenziellen Gründen für eine Wahrheit, für eine Identität entscheiden muss. Er hat den Andorranern und dem Pater „ausgeglaubt" (79) und ist nicht mehr fähig oder bereit, seine „Identität" als Jude erneut, wenn auch im Sinne der ursprünglich von ihm gewünschten, zu verändern. Er kann sie nicht wechseln wie ein Kleidungsstück. „Ich bin anders" (80), sagt er dem Pater und rät ihm: „Jetzt ist es an euch, Hochwürden, euren Jud anzunehmen." (Ebd.) Seine Identifizierung mit dem „Bildnis" geht so weit, dass er sich als „Jud von Geburt" (78) bezeichnet und sich in die Tradition der Jahrtausende lang verfolgten Juden stellt: „Ich weiß, wer meine Vorfahren sind. Tausende und Hunderttausende sind gestorben am Pfahl, ihr Schicksal ist mein Schicksal." (88) Er kennt dieses Schicksal: „Ich bin verloren." (Ebd.)

Andri verteidigt seine neue „Identität" sowohl gegenüber seinem Vater als auch gegenüber Barblin, die er bis zum Schluss nicht als seine Halbschwester betrachten will (vgl. 93). Damit bekennt er sich zu seiner Lebensgeschichte, die nicht die seine ist und die ihm den Weg zu seiner eigentlichen Geschichte verstellt.

Zusammenfassung: Andris Entwicklung

Zu Beginn des Geschehens wird Andri als lebendige Individualität in ihrer Freiheit vorgeführt. Seine Einstellungen und Verhaltensweisen werden durch die aus der Lüge des Lehrers folgenden Vorurteile der Andorraner in einem schmerzlichen Prozess, gegen den er sich wehrt, solange es geht, im Sinne dieser Vorurteile umgeformt, so dass sich damit auch seine Identität ändert. Die sozialen Vorurteile sind somit über Verhaltenserwartungen zu seinem Verhalten geworden und haben sich gleichsam selbst bestätigt. Dies ist ein Schulbeispiel für eine sich selbst erfüllende Prophezeiung.

Dieser Prozess ist im neunten Bild abgeschlossen und für Andri nicht mehr umkehrbar. Er kann die Rolle des Juden nicht mehr aufgeben und erhöht dadurch die Schuld seines Vaters, des Paters und die der übrigen Andorraner. Die Lüge kehrt sich somit gegen die, die sie in die Welt gesetzt haben.

Ich-Verfehlung

Andri hat eine neue „Identität“ gefunden, er verfehlt aber dabei sein eigentliches Ich. Er entscheidet sich für die gesellschaftliche „Wahrheit“, weil er nicht wahrhaben kann und will, dass er einer durch sozialen Druck zustande gekommenen Projektion, den andorranischen Rollenerwartungen, und der dadurch verursachten Selbsttäuschung unterliegt.

Wirkung von Vorurteilen

Frisch zeigt am Beispiel Andris die extreme Wirkung sozialer Vorurteile auf: Sie beeinflussen nicht nur die Identität eines Menschen, sie können ihn sogar in eine Rolle drängen, die Selbstaufgabe bedeutet.

Die Gewaltproblematik

Die Gewaltproblematik	
	➟ Frisch führt in seinem Drama vor, wie gesellschaftliche Vorurteile eskalieren und letztlich in Gewalt münden. ➟ Damit veranschaulicht er Erkenntnisse der Soziologie, wonach verschiedene Stufen der Eskalation unterschieden werden können.

Stufen der Eskalation

1. Die Mehrheit verleumdet die Minderheit.

- Verleumdung

Der Tischler unterstellt zum Beispiel, dass Andri geraucht habe, obwohl dies der Geselle getan hat, und wirft ihm noch vor, dass er dies nicht zugebe: „Wenn du wenigstens den Schneid hättest –“ (31).

2. Die Mehrheit meidet die Minderheit.

- Meiden

Andri wird vom Gesellen so unfair behandelt, dass er nicht mehr im Fußballclub mitspielen will. Der Geselle gibt zu, dass er Andri später „auch nicht mehr leiden“ konnte (36). Auch der Doktor sagt, dass er Juden nicht ausstehen kann.

3. Die Mehrheit diskriminiert die Minderheit.

- Diskriminierung

Die Andorraner sprechen Andri all die schlechten Eigenschaften und Verhaltensweisen zu, die ihrer Ansicht nach die Juden, die in Wirklichkeit jedoch sie selbst haben: Geldgier, Geiz, Geilheit, Gefühlskälte, Feigheit.

4. Die Mehrheit wendet körperliche Gewalt an.

-Entstehung von Gewalt als ein Hauptproblem

Frisch zeigt auf, wie sich aus Vorurteilen zuerst Tätlichkeiten von geringer Bedeutung und schließlich lebensvernichtende Gewalt entwickelt. Dies ist ein Hauptproblem des Dramas.

Andris Auseinandersetzung mit dem Soldaten

Die erste Gewalttat geschieht schon gleich zu Anfang des Geschehens: Zuerst stellt der Soldat Andri „das Bein, so daß Andri stürzt, und lacht“ (19). Dann „schlägt“ er „ihm das Geld aus der Hand und lacht“ (21). Er tut dies, weil er Andri als Juden ansieht und weil für ihn alle Juden feig sind (vgl. 22). Das Vorurteil provoziert die Gewalttätigkeit, zumal Andri für ihn Nebenbuhler in Bezug auf Barblin ist.
Auch Andris Revanche-Tätigkeit resultiert indirekt aus dem Vorurteil: Nicht nur, weil der Soldat bei Barblin war, sondern auch um zu beweisen, dass das Vorurteil vom feigen Juden nicht stimmt, provoziert Andri später den Soldaten und schlägt ihm „die Mütze vom Kopf“ (69). Bei der anschließenden Schlägerei „alle gegen einen“ (ebd.), wie die Senora feststellt, hat Andri keine Chance und wird von mehreren Soldaten und dem Gesellen zusammengeschlagen und -getreten, bis die Andorraner die Senora bemerken. Der Soldat hat aber vorher schon eine andere Gewalttat begangen: Er hat

Barblins Vergewaltigung

vermutlich Barblin vergewaltigt. Auch diese Gewalttat hat mit dem Vorurteil zu tun: Einem feigen Juden kann ein mutiger Andorraner ruhig die Braut wegnehmen, ein Jude wird sich nicht wehren.

Ermordung der Senora

Die Gewalttat, die Andris Schicksal entscheidet, geschieht durch den Andorraner, der aus Hass gegen die Schwarzen die Senora mit einem Stein tötet. Täter ist sehr wahrscheinlich der Wirt, der sich auf diese Weise gegen die Vorwürfe seiner Landsleute wehrt, einen Landesfeind zu bewirten. Er sagt: „Ich wäre der erste, der einen Stein wirft.“ (65) Er täte dies jedoch, wenn er nicht Rücksicht auf das „Gastrecht“ in Andorra nehmen müsste (ebd.). Sein Verhalten bei der Judenschau – er führt genau vor, wie der Stein geworfen wurde (vgl. 100) – zeigt jedoch, dass er sich wohl über diese Rücksicht hinweggesetzt hat, um sich gruppenkonform zu verhalten.

Einmarsch der Schwarzen

Der Tod der Senora hat den Einmarsch der Schwarzen zur Folge, jetzt verändern sich die Verhältnisse: Jetzt sind die Schwarzen die gewalttätige Mehrheit, und die Andorraner passen sich ihnen bis zur Selbstaufgabe an, sie identifizieren sich mit dem Angreifer, verinnerlichen dessen Gebote und Verbote, um seine Aggressionen zu vermeiden.

Was als harmlos scheinendes Vorurteil begann, endet als Inszenierung von Gewalt in der grotesken Judenschau. Der präzise ablaufende Mechanismus der ‚Selektion‘ des „Juden“ erinnert an die Vernichtungsmaschinerie in den Konzentrationslagern der Hitlerdiktatur, obwohl Frisch in einem Brief an George Tabori vom 25./26. 10. 1962 diesen Eindruck vermeiden möchte: „Die Judenschau (eine Erfindung […]) ist […] legendär; der Zuschauer soll das Gefühl haben und hat es auch, das sei ein Brauch, den nur er nicht kennt.“ (Zit. nach: W/S, 60)

Die Schwarzen schweigen, auch der Judenschauer schweigt; die Andorraner flüstern, die Befehle werden durch Lautsprecher und Plakate sowie durch den willfährigen Soldaten übermittelt. Assoziationen an die SS lassen sich bei deutschen Zuschauern nicht vermeiden, wenn auch Frisch „jeden Anklang an die Uniform der Vergangenheit“ wegen des Modellcharakters des Stücks vermieden sehen will (M. Frisch, „Anmerkungen zu *Andorra*“, in: *Gesammelte Werke in zeitlicher Folge*, hrsg. von

Hans Mayer unter Mitwirkung von Walter Schmitz, Bd. 4, Frankfurt a. M.: Suhrkamp, 1976, S. 561).

Identität Schwarze – Andorraner

Indem die Andorraner ihr Gesicht mit schwarzen Tüchern vermummen, verhüllen sie ihre Individualität und passen sich den Schwarzen, der anonymen Gewalt an. Schwarze Täter und Andorraner sind ununterscheidbar, identisch geworden. Beide Gruppen tauchen in der Anonymität unter und entziehen sich der Verantwortung.

Barblin und Can

Nur Barblin und der Lehrer passen sich nicht der namenlosen Gewalt an. Barblin versucht, die Andorraner zum Kämpfen zu bewegen. Aber „man kehrt ihr den Rücken, sie irrt weiter" (99). Die in der Selbsteinschätzung so furchtlosen Andorraner wagen keinen Widerstand. Auch als Barblin zum passiven Widerstand auffordert, folgt ihr niemand, „Barblin wird weggeschleift" (107). Dies ist die erste Eskalationsstufe von Gewalt in dieser Szene.

Der Judenschauer

Eine wichtige Rolle in dieser Szene spielt der Judenschauer. Ihm fehlen menschliche Züge. Er verkörpert die bürokratisierte Gewalt, ist der Buchhalter des Todes. Scheinbar nach objektiven Kriterien sortiert er die Juden aus, aber nur der durch das „Bildnis" gefangene und gehemmte Andri wird sein Opfer. Der Judenschauer erkennt nicht die natürliche, biologische, sondern allein die gesellschaftliche Wahrheit. Er sieht nicht, wo Andri herkommt, sondern nur das, was die Andorraner – und auch er selbst durch die Angst, die er verbreitet – aus Andri gemacht haben. In dem bereits zitierten Brief an G. Tabori sagt Max Frisch: „Der Jew-Inspector erkennt Andri als Jud, weil er durch die Andorraner dazu gemacht worden ist. Das ist der Sinn des Stücks." (Zit. nach: W/S, 62 f.) „Der Judenschauer geht" (112) im Bewusstsein, seine Pflicht getan zu haben.

Gewalt gegen Andri

Als Andri sich zur Wehr setzt, um sich den Ring, den die Senora ihm geschenkt hat, nicht nehmen zu lassen, fühlt sich ausgerechnet der Tischler in seinem Vorurteil bestätigt: „Wie er sich wehrt um seine Wertsachen …" (113) Aber es kommt noch schlimmer: Andris Finger wird abgehackt. Damit zeigt Frisch die letzte Eskalationsstufe vom Vorurteil zur Gewalt:

5. Die Mehrheit vernichtet die Minderheit.

Frisch führt in der Judenschau vor, wie es in der inneren Logik von Vorurteilen liegt, dass sie in Gewalt umschla-

Vernichtung Andris

gen und letztlich zur Vernichtung des Betroffenen führen können. Die eigentliche Vernichtung Andris wird nur angedeutet: „Andri wird abgeführt.“ (Ebd.) Das Schicksal verfemter Minderheiten mit Sündenbockfunktion, für die er steht, ist bekannt, deshalb kann sich Frisch mit dieser Andeutung begnügen. Im Brief an G. Tabori kommentiert er die Äußerung des Tischlers: „Das mit dem Finger ging zu weit ...“ (ebd.), indem er den politischen Bezug herstellt: „Das ist es doch; die Meldung, daß fünf Millionen vergast worden sind, erträgt fast jedermann, aber nicht die Grausamkeit am kleinen Finger, die für alles steht.“ (Zit. nach: W/S, 63)

Das Problem der Verdrängung: Die Zeugenaussagen

Das Problem der Verdrängung: Die Zeugenaussagen	
	➟ In den Szenen im Vordergrund treten die Andorraner aus ihrer Rolle in der Geschehenszeit und rechtfertigen ihr damaliges Verhalten Andri gegenüber auf unterschiedliche Weise. ➟ Sie geben vor, ihr falsches Verhalten zu bereuen, verweisen auf ihre frühere Unkenntnis der Verhältnisse und zweifeln sogar noch nach dem Geschehen an der Wahrheit. ➟ Sie distanzieren sich von den Grausamkeiten des Geschehens und bleiben unbelehrbar. Sie bestreiten ihre Schuld, geben Andri eine Mitschuld und heucheln Mitleid mit ihm. ➟ Nur der Pater bekennt sich zu seiner Schuld und erkennt, dass er Andri in ein starres „Bildnis“ gepresst hat. Er verschweigt aber seine unterlassene Hilfeleistung bei der Judenschau. ➟ Diese miteinander verbundenen Verhaltensweisen verweisen auf die Haltung vieler Deutscher nach dem Krieg.

Folgenlosigkeit des Geschehens

Nach der Judenschau „verlieren“ sich die Andorraner „nach allen Seiten“ (113). Sie gehen „in der Pinte“ (ebd.) zur Tagesordnung über und verdrängen das Geschehen. Für sie gilt, was der Doktor schon vor der Judenschau sagt: „Wenn die Judenschau vorbei ist, bleibt alles wie bisher.“ (98) Auch der Lehrer sieht die Folgenlosigkeit des Geschehens voraus:

> „Daß einer sie fortan bewirtet mit Mörderhänden, es stört sie nicht. Wohlstand ist alles! […] Und einer von ihnen ist doch ein Meuchelmörder. Tuch darüber! Sie hassen nur den, der sie daran erinnert –“ (104)

Diese Bemerkung spielt besonders deutlich auf das Verhalten der Nachkriegsdeutschen zu ihrer Vergangenheit und zu den Menschen an, die bei der Vernichtung der Juden eine besondere Rolle gespielt haben.

Andorraner im Vordergrund

Aber Frisch lässt die Andorraner noch von einer anderen Zeitebene aus zum Geschehen Stellung beziehen, um ihre Unbelehrbarkeit zu demonstrieren und um die Verdrängungstechnik deutlich zu machen, mit der sie der Vergangenheit und ihrer Schuld begegnen: Sie fallen aus ihrer Rolle, d. h. sie verlassen die Spielebene und damit die gespielte Zeit und treten, äußerlich verwandelt, in den „Vordergrund“, an die Zeugenschranke, also in die Spielzeit, die Zeit, in der sich der Zuschauer befindet. Dies tun sie, um ihr damaliges Verhalten Andri gegenüber zu erklären und zu rechtfertigen. Dabei lassen sich fünf unterschiedliche, jedoch miteinander verbundene Haltungen zur Schuld an Andris Schicksal erkennen.

Zugeständnisse

1. Die Andorraner zeigen sich einsichtig und „geben zu“, nämlich eigene Irrtümer und fehlerhafte Verhaltensweisen:

- der Tischler, dass er mit der überhöhten Lehrgeldforderung Andri von einer Tischlerlehre fernhalten wollte (vgl. 29);
- der Geselle, dass es sein und nicht Andris Stuhl war, weswegen Andri die Lehre abbrechen musste (vgl. 36);
- der Wirt und der Doktor, dass sich alle über Andris Herkunft getäuscht hätten (vgl. 24, 96);
- der Soldat, dass er Andri nicht „leiden“ konnte (vgl. 55);
- der Jemand, dass es „keineswegs erwiesen“ sei, „wer den Stein geworfen hat“ (83).

Mit diesen Zugeständnissen erwecken die Andorraner den Eindruck, dass sie einsichtig seien und ihre Fehler bereuten. Bei näherem Hinsehen wird aber deutlich, dass die Andorraner die Verfehlungen zugeben, die so offensichtlich sind, dass sie nicht bestritten werden können, und dass sie sich zu diesen – kleineren – Verfehlungen bekennen, um glaubhafter ihre Hauptverfehlung, Andri in die Judenrolle gepresst zu haben und damit an seinem Tod schuld zu sein, verdrängen zu können.

Relativierung

Sie relativieren auch oft im nächsten Satz ihre Eingeständnisse. Geselle und Doktor fügen hinzu: „[…] es lag halt auch an ihm, sonst wär's nie so gekommen." (36; vgl. 96) Der Jemand hebt mit seiner Äußerung zwar einen Teil des Verdachts von Andri auf, lässt aber den anderen Teil auf ihm ruhen, obwohl er es mittlerweile besser wissen müsste.

Unwissenheit

2. Die Andorraner verweisen darauf, dass ja niemand habe wissen können, dass Andri kein Jude gewesen sei, sondern „der Sohn von unserm Lehrer" (24; vgl. 29, 55). Dahinter steht die entlarvende Meinung, dass bei dem leiblichen Sohn des Lehrers, einem Andorraner also, die Handlungsweise der Andorraner zu verurteilen sei, nicht aber bei einem tatsächlichen Juden. Damit zeigen die Andorraner die Fortdauer ihrer antisemitischen Vorurteile und ihres Unvermögens, den eigentlichen Kern der Problematik zu erkennen.

Zweifel an Wahrheit

Noch weiter abgeschwächt wird diese Pseudo-Entschuldigung durch Bemerkungen des Soldaten und des Doktors, die auch nach dem Geschehen noch bezweifeln, dass Andri der Sohn des Lehrers war: „Mag sein", sagt der Doktor, während der Soldat sich unerschüttert zeigt: „Übrigens glaub ich noch heut, daß er einer gewesen ist." (55) Er meint natürlich: ein Jude.

Distanzierung von Grausamkeiten

3. Alle Andorraner distanzieren sich von der Grausamkeit des Geschehens. Der Doktor glaubt „im Namen aller zu sprechen" (96 f.), wenn er betont, er sei „nicht für Greuel" und sei es „nie gewesen" (96). „Selbstverständlich" verurteile er deshalb „die Schlägerei", die „später stattgefunden haben soll", die er aber „nicht gesehen" habe (ebd.). Er sei also nicht dabei gewesen und habe auch „nie an Mißhandlungen teilgenommen" (ebd.). Aus diesem Grunde will er sich „kurz fassen" (ebd.), aber seine verklausulierte Aussage voller Einschränkungen, Be-

Aussage des Doktors

schönigungen und Verdrängungen ist die längste von allen und macht dem Zuschauer auf erschreckende Weise die Borniertheit und Unbelehrbarkeit des Sprechers deutlich. So wortreich er ist, so wenig nennt er die Dinge beim Namen: An keiner Stelle erwähnt er seine Vorurteile und die der andern Andorraner, die Andri zum „Juden" machten, ebenso wenig wie den tödlichen Selektionsmechanismus bei der Judenschau, den er selbst bewunderte und der Andri vernichtete. Im Gegenteil, er weiß nicht, warum er sich hätte anders verhalten sollen: „Was hat unsereiner denn eigentlich getan? Überhaupt nichts." (Ebd.) Die Wahrheit über Andri ist ihm bekannt, aber er beharrt auf seinem Vorurteil. Er drückt sich vor seiner persönlichen Verantwortung und verdrängt seine Schuld.

Bestreiten von Schuld

4. Die Andorraner bestreiten ihre Schuld mit fast gleichlautenden Worten. Sie seien „nicht schuld, daß es so gekommen ist", meinen Wirt (24), Tischler (29), Geselle (36) und Doktor (96). Dieser Satz steht am Ende der jeweiligen Ausführungen und stellt die Zusammenfassung des vorher Gesagten dar. Alle Andorraner fühlen sich unschuldig: Der Wirt hat Andri nicht schlecht behandelt (vgl. 29), der Geselle wollte „ja nachher mit ihm reden" und gibt Andri sogar eine gewisse Mitschuld an seinem Schicksal (vgl. 36). Diesen schuldbefreienden Erklärungen schließt sich auch guten Gewissens der Soldat an. Denn wenn er auch Andri gequält, misshandelt, aufgespürt, verhaftet und die Judenschau mitorganisiert hat, so war er nur im Dienst und hat nur Befehle ausgeführt: „Order ist Order. Wo kämen wir hin, wenn Befehle nicht ausgeführt werden!" (55) So lautet die auch aus der jüngsten deutschen Geschichte bekannte Entschuldigung.

Der Soldat

Der Jemand

Auch dem Jemand tat „Andri leid" (83). Aber er „will nicht der Weltenrichter sein", d.h. er lehnt es ab, das Geschehen zu beurteilen und über mögliche Schuld nachzudenken. Wenn er weiter sagt: „Einmal muß man auch vergessen können" (ebd.), so formuliert er damit die typische Abwehrhaltung der Verdrängung: Erlebnisse und Gefühle, die Menschen in Konflikt mit ihrem Gewissen oder mit ihrer Umwelt bringen könnten, werden aus dem Bewusstsein ins Unterbewusste geschoben.

Aussage des Paters

5. Die Aussage des Paters im Vordergrund nimmt eine Sonderstellung ein: Er hat die Kleidung nicht gewechselt und kniet. Er äußert sich also nicht, wie die andern Andorraner, vor den Menschen, sondern vor Gott und tritt in der gleichen Rolle wie damals auf, nämlich als „Christ von Beruf", wie Andri (78) hintergründig zu ihm sagt. Er bekennt als einziger Andorraner persönliche und gemeinschaftliche Schuld:

> „Auch ich bin schuldig geworden damals. […] Auch ich habe mir ein Bildnis gemacht von ihm, auch ich habe ihn gefesselt, auch ich habe ihn an den Pfahl gebracht." (62)

Bildnisproblem

Damit lässt Frisch den Pater das Grundproblem des Dramas, den Zusammenhang zwischen dem „Bildnis" und dem Menschen, den es betrifft, formulieren. Der Pater erkennt jetzt, dass das „Bildnis", das er und die Andorraner sich von Andri gemacht haben, diesen in die Judenrolle gepresst hat und dass Andri deshalb von den Schwarzen – und indirekt von den Andorranern – ermordet wurde. Der Pater bekennt sich zu seinem Schuldanteil und nennt das „Gebot", gegen das er verstoßen hat.

> „Du sollst dir kein Bildnis machen von Gott, deinem Herrn, und nicht von den Menschen, die seine Geschöpfe sind." (Ebd.)

Verdrängung von Schuld

Das Schuldbekenntnis des Paters wird allerdings durch das „damals" etwas abgeschwächt und betrifft auch nur einen Teil seines Versagens. Der Pater gibt zwar zu, dass er sich aufgrund der Lüge des Lehrers positive Vorurteile von Andri gemacht und ihn damit „gefesselt" und letztlich getötet hat. Er erwähnt jedoch nicht sein Verhalten bei der Judenschau, als er feige nicht zur Stelle war, um zum einen die Wahrheit über Andris Herkunft zu bestätigen und zum andern zu bezeugen, dass er zur Tatzeit bei Andri war. „Wo bleibt der Pater in dieser Stunde?" fragt der Lehrer, „der Pater weiß die Wahrheit –" (105f.) Auch der Pater verdrängt also einen Teil seiner Schuld, seine unterlassene Hilfeleistung, und ist nicht fähig, seine Vergangenheit ganz zu bewältigen.

Selbstentlarvung der Andorraner

Der Zuschauer erkennt, dass die Selbstverteidigungsversuche der Andorraner vor der Zeugenschranke zu Selbstentlarvungen wurden. Trotz des zeitlichen Abstandes vom Geschehen und der Kenntnis der Wahrheit führen sie das Geschehen von „damals" weiter und versuchen, ihr Versagen zu verdecken und zu verdrängen. Sie treten zwar aus ihrer dramatischen Rolle heraus, bleiben jedoch in ihrer sozialen Rolle befangen und haben nichts dazugelernt.

Aktualisierung

Mit dieser Haltung der Andorraner verweist Frisch vor allem auf die Haltung vieler Deutscher nach dem Krieg. Auch sie gaben vor, nichts von der Judenvernichtung gewusst zu haben. Oder sie gestanden geringfügige Verbrechen ein, um die eigentliche Schuld besser verdrängen zu können, und manche sind noch heute der Ansicht, die, an denen die Verbrechen begangen wurden, seien selbst schuld daran gewesen.

Schuld und Tragik

Schuld und Tragik

- Im Mittelpunkt des Stücks stehen die kollektive und die persönliche moralische Schuld der Andorraner.
- Ihre Schuld besteht darin, dass sie Andri in eine Rolle pressen und ihn schikanieren, jeder auf seine Weise.
- Der Lehrer, der Pater und die Senora tragen jeweils besondere Schuld.
- Tragische Figuren sind der Lehrer, weil er die Wahrheit kennt, und besonders Andri, weil er sie verfehlt, als er sie zu erkennen glaubt.

Juristische und moralische Schuld

Im Drama kann zwischen juristischer und moralischer Schuld unterschieden werden. Juristische Schuld laden die Schwarzen auf sich. Sie begingen in der Vergangenheit Völkermord, und in der Spielgegenwart misshandeln und töten sie Andri. Kriminelle Schuld lädt auch der Wirt auf sich, der die Senora tötet und die Schuld daran Andri in die Schuhe schiebt.

Kollektive Schuld

Für Frisch steht aber weniger die kriminelle als die moralische Schuld im Mittelpunkt. Diese Schuld ist einmal kollektiver, zum andern individueller Art. Die kollektive Schuld der Andorraner besteht darin, dass sie Andri nicht so sehen, wie er ist, sondern dass sie sich ein „Bildnis" von ihm machen und ihm aufgrund ihrer sozialen Vorurteile die Rolle des Juden und damit eine von ihnen erfundene Lebensgeschichte aufzwingen. Da Andri als Jude verachtet, verfolgt und schließlich getötet wird, haben die Andorraner Mitschuld an seinem Tod. Moralische Schuld hat hier kriminelle Schuld zur Folge. Aus diesen allgemeinen Einstellungen und besonders aus dem Antisemitismus der Andorraner folgern die persönlichen schuldhaften Verhaltensweisen. Jeder schikaniert den „Juden“ Andri, so gut er kann, und in der Judenschau überlassen sie ihn den schwarzen Mördern.

Individuelle Schuld

Schuld des Paters

Der Pater allein durchschaut das Problem und gesteht, dass er sich ein „Bildnis“ von Andri gemacht habe. Diese Schuld erkennt er, aber seine moralische Schuld, die darin besteht, dass er Andri bei der Judenschau im Stich ließ, erwähnt er nicht. Andris Eltern haben ebenfalls Schuld auf sich geladen. Die Senora, seine Mutter, hat sich zu lange nicht um ihren Sohn gekümmert. Sie schrieb zwar Briefe, in denen sie den Lehrer aufforderte, die Wahrheit zu sagen, aber sie setzt sich zu spät persönlich für die Wahrheit ein.

Schuld der Senora

Cans Schuld

Andris Vater Can wird in erheblichem und folgenreichem Maß an Andri und an seiner Familie schuldig, als er aus Feigheit die Lüge über Andris Herkunft in die Welt setzt. Dadurch legt er den Grundstein dazu, dass die Andorraner seinen Sohn in das Klischee des Juden pressen können. Selbst wenn man ihm abnimmt, dass er Andris wahre Herkunft später als Beweis für die Unsinnigkeit antisemitischer Vorurteile benutzen will, so wird er doch schuldig, weil er seinen Sohn zu einem Demonstrationsobjekt herabwürdigt. So ist Can, der die Andorraner verachtet und sich von ihnen distanziert, selbst schuld daran, dass sie Andri zum Juden machen, der diskriminiert und getötet wird.

Folgen von Cans Lüge

Vorurteile und Schuld der Andorraner sind nicht nur die Konsequenz überkommener Einstellungen, aus denen sie sich nicht befreien können, sondern auch eine unmittelbare Folge der Lebenslüge Cans. Es ist ihm nicht gelungen, als Lehrer das Verhältnis der Andorraner zur Wahrheit zu verbessern und ihre Vorurteile Juden gegenüber abzubauen. Deshalb hasst Can in den Andorranern nicht zuletzt sein eigenes Unvermögen und Versagen. Er verachtet einerseits die Unfreiheit der Andorraner und beklagt ihr Gebundensein an Vorurteile, er steht aber selbst, wie auch die Senora, in Abhängigkeit von sozialen Zwängen und Konventionen.

Die Senora ist feige und wagt nicht ihren Landsleuten

zu gestehen, dass sie ein Kind von einem Andorraner hat, so sehr hat sie Angst vor ihrer Gruppe. Ebenso feige ist Can, der Angst davor hat, seine von ihm verachteten Landsleute würden ihn verachten, weil er sich mit einer Schwarzen eingelassen und ein Kind von ihr hat. Sein Selbstbild des mutigen, unabhängigen Wahrheitslehrers und -suchers stimmt nicht überein mit der Wirklichkeit des innerlich schwachen und von der Gruppe abhängigen Menschen, der aus Feigheit das Leben seines Sohnes zerstört, als dessen Retter er sich zuerst feiern ließ.

Cans Feigheit

Can erkennt diese Spannung, hält sie aber nicht aus. Deshalb flüchtet er sich in den Alkohol. Als er merkt, dass er durch sein Verhalten letztlich schuld am Tod seines Sohnes ist, erhängt er sich in der Schulstube. Seine Tragik besteht darin, dass er die Wahrheit erkennt, aber nicht nach ihr zu handeln vermag.

Sühne und Tragik Cans

Andri ist das Opfer der gesellschaftlich vermittelten Vorurteile der Andorraner. Aber er ist auch selber das, was er immer sein wollte, nämlich Andorraner. So wie seine Landsleute die Wahrheit über seine Herkunft nicht sehen wollen oder können, so vermag auch er es nicht. Er ist ebenso starr geworden wie sie und belässt dadurch seinen Vater und die Andorraner in ihrer Schuld. Er ist zwar zu einer gewissen inneren Freiheit gelangt und nicht mehr bereit, all das als Wahrheit anzuerkennen, was ihm von den Andorranern als solche vorgesetzt wird. Aber er tut dies gerade in dem Augenblick, als ihm die echte Wahrheit angeboten wird – die er dadurch verfehlt. Andris Tragik besteht darin, dass er sich in dem Augenblick zu seiner neuen – falschen – Identität entscheidet, als er seine wahre Identität erfahren und akzeptieren könnte. Als seine gewünschte Identität Wirklichkeit werden könnte, entscheidet er sich für die Lüge der Andorraner. Er verfehlt die eigentliche Wahrheit über sich gerade dann, als er meint, sie endlich selbst gefunden zu haben. Aber die Schuld liegt in erster Linie bei der Gesellschaft, bei den Andorranern, die Andri in eine Rolle drängen, die seinem Wesen nicht gemäß ist.

Andris Starrheit

Andris Tragik

Schuld der Gesellschaft

Die dramatische Bauform

Brechts Dramentheorie und Frischs Theater

Brechts Dramentheorie und Frischs Theater	
	➟ Brecht fordert die Form des „epischen Theaters", die das Geschehen erzählt, damit der Zuschauer durch Distanz dazu kritisch Stellung nehmen kann. ➟ Die Vordergrundszenen sind ein Element des Brecht'schen Theaters. ➟ Frisch ist der Meinung, dass das Theater dem Zuschauer verschiedene Möglichkeiten seines Verhaltens zu sich selbst, der Welt und der Gesellschaft aufzeigen soll. Er lehnt Brechts marxistische Festlegung ab.

Einfluss Brechts

Max Frisch gilt neben Friedrich Dürrenmatt als einer der wichtigsten deutschsprachigen Dramatiker der Nachkriegszeit. Wichtig für ihn war die Begegnung mit Bertolt Brecht (1898–1956), der mit seiner Dramentheorie und seinem Theaterschaffen die zeitgenössische Dramatik nach dem Krieg entscheidend beeinflusste. Brecht ist der Meinung, dass die traditionelle Dramatik den Problemen unserer Zeit nicht mehr genüge. Sie stelle den unveränderbaren Menschen dar, dessen Verhalten vom Bewusstsein gesteuert werde, unabhängig von den gesellschaftlichen Verhältnissen, in denen er sich befinde.

Brechts Dramentheorie

Brecht geht aufgrund seiner marxistischen Weltanschauung davon aus, dass der Mensch das Produkt der gesellschaftlichen Verhältnisse sei, in denen er lebt, dass also das Sein des Menschen das Bewusstsein bestimme. Daher braucht er auch eine neue Form des Theaters, die fähig ist, die Menschenwelt so zu zeigen, wie sie ist: von den Menschen gemacht und veränderbar.

Deshalb fordert Brecht die Form des „epischen Theaters", die das Geschehen nicht dramatisch entwickelt, sondern erzählt und dem Zuschauer die Möglichkeit gibt, die Verhältnisse und Verhaltensweisen zu studieren, die auf der Bühne gezeigt werden. Der Zuschauer soll sich nicht mit dem Geschehen identifizieren, sondern er soll ihm gegenüber eine kritische Haltung annehmen.

Modellcharakter der Handlung

Das Geschehen soll deshalb auch nicht in geschlossener Form vorgeführt werden, sondern als lockeres Nacheinander von Szenen, Bildern, in denen gesellschaftliche Vorkommnisse und Verhältnisse „demonstriert" werden, zu denen der Zuschauer eine gesellschaftlich bestimmte Einsicht gewinnen soll. Dadurch erhält die Handlung Beispiel- oder Modellcharakter: Im Einzelfall zeigt sie allgemeine gesellschaftliche Verhältnisse und vermittelt Erkenntnisse, die über den Einzelfall hinausgehen und die gesellschaftlichen Mechanismen insgesamt betreffen. Diesen Modellcharakter betont Brecht z. B., wenn er sein Drama *Der gute Mensch von Sezuan* als „Parabelstück" bezeichnet.

V-Effekt

Um die erwünschte kritische Gegenübersetzung des Zuschauers zum Geschehen zu erreichen, verwendet Brecht den „Verfremdungseffekt". Er soll die „Einfühlung" des Zuschauers in die Personen verhindern. „Eine verfremdende Abbildung ist eine solche, die den Gegenstand zwar erkennen, ihn aber doch zugleich fremd erscheinen läßt." (Brecht, 1981, S. 42) Verfremdung bedeutet, dass der Zuschauer aufgefordert wird, seinen Standpunkt außerhalb der gezeigten Handlung des Stücks zu wählen (vgl. ebd., S. 56). Mittel, um diese Verfremdung zu erreichen, sind Prologe, Zwischentexte, Songs, Kommentare.

Rolle des Zuschauers

Diese Verfremdung ist für Brecht von grundsätzlicher Bedeutung: Der Zuschauer soll nachdenken, urteilen, folgern. Sein Verstand und Erkenntnisvermögen sollen angesprochen werden, weniger sein Gefühl. Er soll erkennen, dass die kapitalistische Gesellschaftsordnung ungerecht ist, und er soll für eine bessere, d. h. marxistische, eintreten.

Begegnung Frisch – Brecht

Brecht hielt sich 1948 ein halbes Jahr in Zürich auf, bevor er in Ost-Berlin sein Ensemble gründete. In dieser Zeit traf er sich häufig mit Frisch. Aus dessen Tagebuchaufzeichnungen sprechen sowohl höchste Anerkennung der Leistung und Originalität Brechts als auch kritische Distanz zu ihm. Frisch las Brechts Schriften zum Theater und besuchte Brecht später einmal in Berlin. Dann brach der persönliche Kontakt ab, nicht aber die Beschäftigung Frischs mit Brechts Werken und Dichtungstheorie. So sagt er in einem Gespräch:

> „Gewisse Einflüsse Brechts sind sicher da, z. B. […] ‚Andorra' steht unter seinem Einfluß, rein stilistisch." (Arnold, 1990, S. 229)

Parabelform

Damit spielt Frisch u. a. auf die von Brecht verwendete Form der Parabel an. Parabeln sind Gleichnisse, die der Veranschaulichung einer verborgenen Wahrheit dienen. Ein Parabelstück enthält als Ganzes ein gleichnishaftes Geschehen. Es stellt bildhaft einen allgemein interessierenden Einzelfall so dar, dass der Zuschauer im scheinbar Fremden die eigenen Probleme erkennt. Parabelstücke ermöglichen eine Konzentration des Geschehens und werben für eine bestimmte sittliche oder – bei Brecht – gesellschaftliche „Wahrheit" bzw. Lebensform.

Gegensätze zu Brecht

Frisch lehnt jedoch Brechts marxistische Weltanschauung ab. Er will die gesellschaftliche Wirklichkeit nicht im Sinne Brechts und seiner Ideologie verändern, weil er von deren „Richtigkeit" nicht überzeugt ist. Deshalb schreibt er in einem Brief vom 5. 5. 1976 an Ernst Wendt, *Andorra* sei „ein Versuch mit dem epischen Theater, ohne die ideologische Position von Brecht zu übernehmen" (zit. nach: W/S, 19).

Frisch ist auch skeptisch bezüglich der mit dem Theater zu erreichenden Wirkungen und der mit der Parabel verbundenen „Lehre". Er empfindet deshalb „Unbehagen an der Parabel" (zit. nach: W/S, 65) und bezeichnet *Andorra* zwar hin und wieder als Parabel, bevorzugt aber, da es ihm nicht um Lehre geht, den Begriff „Modell". Damit will er deutlich machen, dass er nicht eine bestimmte Weltanschauung vermitteln will wie Brecht in seinen Parabelstücken, sondern dass es ihm darum geht, an einem allgemeinen Beispiel Verhaltensweisen wie Vorurteilsbefangenheit vorzuführen und so zu einem moralischen Appell zu gelangen, zu einem Aufruf zur Änderung des Bewusstseins und der persönlichen Einstellung.

Begriff des literarischen Modells

Brecht sieht das Theater als Mittel an, bei der Veränderung der gesellschaftlichen Verhältnisse zu helfen. Frisch hat andere Vorstellungen. Er meint, dass das Theater – auch das epische Brechts – die Gesellschaft nicht verändern könne. Motivation für seine Beschäftigung mit dem Theater ist für Frisch vor allem die „Lust am Spiel". Frisch ist der Meinung, das Theater ermögliche dem Einzelnen, in der Erforschung anderer sich selbst

Frischs Auffassung vom Theater

als Mensch zu erfahren. Es ist für ihn Spiegel möglicher Lebensvarianten, soll dem Zuschauer andere Möglichkeiten seines Verhaltens zu sich selbst, zu Welt und Gesellschaft aufzeigen. Die Bühne ist für ihn der Raum, in dem eine Auswahl aus der Wirklichkeit geboten wird. Deshalb wird das Dargestellte zum Sinn-Bild dieser Wirklichkeit. So schreibt er in seinem Aufsatz „Der Autor und das Theater" (1964):

> „Wir erstellen auf der Bühne nicht eine bessere Welt, aber eine spielbare, eine durchschaubare, eine Welt, die Varianten zuläßt, insofern eine veränderbare, veränderbar wenigstens im Kunst-Raum." (M. Frisch, *Öffentlichkeit als Partner*, Frankfurt a. M.: Suhrkamp, 1972, S. 78)

In diesem „Kunst-Raum" stellt der Schriftsteller die jeweilige Welt in Frage, vor allem durch die Sprache, die er entlarvt und die entlarvend wirkt. Das Ergebnis dieser künstlerischen Produktion kann bewusstseinsverändernde Wirkung haben.

Thema der wahren Dichtung

Als Thema aller wahren Dichtung sieht Frisch das Zusammenleben der Menschen an. Die Verantwortung des Schriftstellers besteht für ihn in einer kritischen Haltung sowohl gegenüber den Dogmen des Ostens als auch gegenüber denen des Westens. Frisch ist jede Ideologie verdächtig, da sie mit ihrem Schwarz-Weiß-Denken die jeweilige Fremdgruppe in Klischees zwängt, die letztlich zu deren Vernichtung führen können. Deshalb muss der Schriftsteller zu einer „bedingungslosen Aufrichtigkeit gegenüber dem Lebendigen" kommen und sich den Problemen der heutigen Welt stellen. Ziel dieses Engagements ist eine „Gesellschaft der Zukunft". Brechts Einfluss auf Frischs *Andorra* wird auch in der Ausrichtung auf das Publikum hin deutlich. Frisch sagt, in *Andorra* käme das Brecht'sche Verfremdungsverfahren vor: „durch das Vortreten der einzelnen Protagonisten, die zwar keinen Song haben, aber Statements von sich geben – das ist ganz sicher, dass ich das von Brecht übernommen habe" (Arnold, 1990, S. 230).

Aufgabe des Schriftstellers

Ausrichtung auf das Publikum

Frisch teilt in *Andorra* die Bühne in einen „Spielraum" und den „Vordergrund" mit „Zeugenschranke". Aber die sieben Andorraner, die rückblickend ihr Verhalten erläutern, reden nicht zum Publikum, sondern für das Publikum, das sie nicht zum Richter, sondern zu Mitzeu-

Publikum als Mitzeuge

gen machen. Auf diese Weise wird der Zuschauer provoziert: Er kann die Unfähigkeit des Menschen, aus seinen Erfahrungen zu lernen, sein Verhalten zu ändern, zur Kenntnis nehmen, und er soll sich von den lernunfähigen Bühnenfiguren distanzieren. Er wird also aufgerufen, durch die Veränderung seines eigenen Denkens die Behauptung von der Lernunfähigkeit des Menschen zu widerlegen. Für Frisch ist das Theater somit ein Mittel zur Provokation, das den Menschen aufrütteln und auf seine Probleme aufmerksam machen soll, damit er sich seine Lösungen selber suchen kann. Diese Absicht zur geistigen Aktivierung des Zuschauers hat Frisch mit Brecht gemeinsam. Aber er ist skeptisch hinsichtlich der Möglichkeit, die Welt durch den Geist zu verändern, und er hat vor allem nicht die genauen Vorstellungen von der Beschaffenheit der erstrebten Gesellschaftsordnung, die Brecht als Marxist hat.

Theater als Mittel zur Provokation

Von der Prosaskizze zum Drama

Von der Prosaskizze zum Drama	
	➟ Frisches Drama liegt eine Prosaskizze zugrunde. ➟ Deren private Selbstanalyse verwandelt er im Stück in ein öffentliches Geschehen. ➟ Aus einer kritischen Selbstprüfung wird eine unkritische Rechtfertigung.

Inhalt der Prosaskizze

Dem Schauspiel *Andorra* liegt eine kurze Prosaskizze aus Frischs *Tagebuch 1946–49* zugrunde: Im Kleinstaat Andorra lebt ein junger Mann, den man für einen Juden hält. Die Umwelt begegnet ihm mit Misstrauen, das auf Klischeevorstellungen von jüdischem Wesen beruht: Ein Jude besitzt kein Gemüt, keine Vaterlandsliebe, hat keinen Mut, keine Ehrfurcht und keine Liebe für seine Mitmenschen, sondern ist ehrgeizig, geldgierig und vernunftorientiert.

Anfangs wirbt der junge Mann um Verständnis und Toleranz, versucht die Vorurteile der Andorraner abzubauen und bemüht sich um Aufnahme in die Gemeinschaft. Durch die ständigen Fehlschläge und Abweisungen wird er aber so entmutigt, dass er sich schließlich so verhält, wie die Andorraner ihn sehen: „Er prüfte sich, bis er ent-

deckte, daß es stimmte, es war so, in der Tat, er dachte stets an das Geld.“ (Tgb., 29)
Der Umgang mit ihm wird immer schwieriger. Schließlich, nach dem endgültigen Fehlschlagen seines Versuchs, so zu sein und zu leben wie alle andern, trägt er „sein Anderssein sogar mit einer Art von Trotz, von Stolz und lauernder Feindschaft dahinter“. Neben den Andorranern, die ihn mit ihren Vorurteilen in die Rolle des Juden treiben, gibt es noch andere, die den Juden, wie sie betonen, „gerade um seiner jüdischen Eigenschaften willen“ achten (Tgb., 29 f.).
Die Skizze berichtet dann ohne nähere Erklärung vom grausamen Tod des Juden. Die Andorraner entsetzen sich über die Brutalität seiner Mörder. Später stellt sich dann heraus, dass der angebliche Jude ein „Findelkind gewesen ist“, dessen Eltern Andorraner waren. Die Geschichte endet mit einem Blick in die Zukunft: „Die Andorraner aber, sooft sie in den Spiegel blickten, sahen mit Entsetzen, daß sie selber die Züge des Judas tragen, jeder von ihnen.“ (Tgb., 30)

Gemeinsame Grundfabel

Gemeinsam ist beiden Texten die Grundfabel: Ein junger Mann wird von der Gesellschaft so lange als Jude angesehen und behandelt, bis er sich in seinem Verhalten den an ihn herangetragenen Vorurteilen und Klischees anpasst. Als Jude wird er verachtet und schließlich getötet.

Veränderung bei der Umarbeitung

Bei der Umarbeitung zum Drama nimmt Frisch Veränderungen vor, die sich zum Teil aus der Umsetzung eines epischen (erzählenden) Textes in einen dramatischen (darstellenden) ergeben:

– Verhalten des Kollektivs

1. Er verwendet die Überschrift der Skizze nicht als Dramentitel. Diese Veränderung ist Ausdruck einer Schwerpunktverschiebung. Nicht mehr das Verhalten einer Person, des „andorranischen Juden“, soll im Mittelpunkt stehen, sondern das Verhalten einer Gruppe, eines Kollektivs soll durch die modellhaft gemeinte Ortsangabe *Andorra* als verallgemeinerungsfähig und übertragbar gekennzeichnet werden.

– Erfinden einer Handlung

2. Frisch musste eine Handlung erfinden, die zwischen den Personen spielt. Was in der Skizze berichtet wird vom Findelkind, vom Umgang des jungen Mannes, musste in Geschehen umgesetzt

werden. Der „andorranische Jude“ Andri musste als handelnde und leidende Person in ein konfliktreiches Geflecht menschlicher Beziehungen hineinversetzt werden. Daraus ergibt sich die Can-Handlung. Der Vater lässt durch seine Verschleierung der Wahrheit starke dramatische Gegensätze ausbrechen und bringt zusätzlich die Inzestproblematik ins Spiel. Auf diese Weise wird die in der Skizze angelegte Teilfabel von der Umformung Andris durch die Vorurteile der Andorraner durch die eigentlich dramatische Familienhandlung des Lehrers Can und seiner Kinder ergänzt.

3. Die Prosaskizze informiert knapp über das ganze Leben des „andorranischen Juden“ bis zu seiner Hinrichtung. Auf die folgenden Jahre nach dem schrecklichen Ende wird nur kurz unter Beachtung des natürlichen Zeitablaufs eingegangen: Die Andorraner erkennen sich selbst als Verräter.

Zweite Handlungsebene

Das Drama verdichtet in zwölf Bildern das Geschehen der letzten Monate vor Andris Ermordung und den unmittelbar darauf folgenden Tag. Den Rückblick der Andorraner, von dem in der Skizze berichtet wird, ihren Blick in den „Spiegel“, bringt Frisch im Drama auf einer zweiten Handlungsebene. In sieben monologartigen Auftritten lässt er sie an einer Zeugenschranke im Vordergrund der Bühne Stellung zum Geschehen und zu ihrem früheren Verhalten beziehen.

Diese Technik der Spielunterbrechung und Handlungskommentierung geht auf Brecht zurück. Die Auftritte bewirken eine Verfremdung des Geschehens und eine Desillusionierung des Zuschauers, dessen Einfühlung in die Figuren verhindert wird. Die Auftritte an der Zeugenschranke ersetzen den Blick in den „Spiegel“, von dem in der Skizze die Rede war. Die ursprünglich private Selbstanalyse und Selbsterkenntnis wandelt sich im Drama in eine öffentliche Handlung, die spiel- und sprechbar wird und in die das Publikum mit einbezogen wird. Dabei ist ein wesentlicher inhaltlicher Unterschied zu beachten: Aus der kritischen Selbstprüfung und Selbsterkenntnis der Andorraner in der Skizze ist im Drama eine unkritische Rechtfertigung ihres früheren Verhaltens geworden.

Von privater Selbstanalyse zur öffentlichen Handlung

Durch die Dramatisierung des Stoffes hat Frisch eine

größere Eindringlichkeit und Wirkung erreicht als durch dessen knappe epische Gestaltung. Dem Zuschauer werden die antisemitischen Klischeevorstellungen demonstriert und so unmittelbar sinnlich zur Anschauung gebracht. Sie brauchen sie nicht erst innerlich in Vorstellungen und Bilder umzusetzen.

Wirkung der Dramatisierung

Die Struktur des Dramas

Die Struktur des Dramas

- Die Dramenhandlung in den zwölf lose miteinander verknüpften Bildern besteht aus dem privaten und dem öffentlichen Handlungsstrang.
- Im Mittelpunkt stehen die Identitätsproblematik und die Vorurteile der Gesellschaft. In Andri werden die beiden Handlungsstränge miteinander verknüpft.
- Frisch hat die Binnen- und die Rahmenhandlung zwei verschiedenen zeitlichen Ebenen zugeordnet.
- Die Zeugenaussagen enthalten Hinweise auf den Ausgang des Geschehens. In ihnen rechtfertigen sich die Andorraner für das Publikum, das so in das Geschehen mit einbezogen wird.

Die Zeugenaussagen der Andorraner erinnern an eine Gerichtsverhandlung und haben die Funktion eines Rahmens. (Zur Struktur des Dramas siehe auch Grafik S. 91.) Frisch schafft dadurch eine besondere, episch-demonstrierende Handlungsebene, dass er die Personen sich auf dreifache Weise von ihrer früheren Rolle distanzieren lässt:

Rollendistanz der Personen

- Sie verlassen die Spielebene, treten in den „Vordergrund", an die „Zeugenschranke" und entfernen sich somit räumlich vom Geschehen.
- Sie verlassen damit die gespielte Zeit und begeben sich in die Spielzeit, also in die Zeit, in der das Stück aufgeführt wird. Dies bedeutet eine zeitliche Distanzierung.
- Sie sind anders gekleidet: „Wirt, jetzt ohne die Wirteschürze" (24), „Geselle, jetzt in einer Motorradfahrerjacke" (36), „Soldat, jetzt in Zivil" (55). Dies ist eine persönliche Distanzierung.

Diese Rahmenhandlung durchbricht mehrfach die eigentliche Spielhandlung, die das damalige Geschehen vorführt.

Handlungsstränge

Die Dramenhandlung besteht aus einer Folge von 12 lose miteinander verbundenen „Bildern", die durch die Figur „Andri" zusammengehalten werden. Andri tritt in fast allen Bildern auf, und tut er es nicht, wird über ihn gesprochen (vgl. 5. Bild). In den zwölf Bildern werden zwei Handlungsstränge gestaltet. Sie beziehen sich auf den

- privat-häuslichen Bereich von Cans Familie. Im Mittelpunkt steht die Identitätsproblematik;
- öffentlich-gesellschaftlichen Bereich der Andorraner. Im Mittelpunkt stehen deren Vorurteile und Klischeevorstellungen.

Privat-häuslicher Bereich

Die Handlung im privat-häuslichen Bereich entspricht den Grundsätzen des traditionellen Theaters und könnte Grundlage eines eigenständigen Dramas sein: Ein „Fall" steht im Mittelpunkt des Geschehens, die unklare Herkunft eines Menschen; aus den Beziehungen der Personen zueinander und aus ihren Verhaltensweisen ergeben sich die Konflikte und entwickelt sich die Handlung. Die Personen, die diesen Handlungsstrang tragen, sind Mitglieder einer Familie: Andri, Barblin, Can, die Mutter und auch die Senora. Diese Personen legen im Gegensatz zu den andern Bürgern Andorras keine Zeugenaussagen vor der Schranke ab. Aus ihrer Individualität entwickeln sich die Konflikte:

Konflikte

- Der Lehrer hat die Lüge über Andris Herkunft in die Welt gesetzt, und Andri muss mit den Folgen zurechtkommen.
- Das aus dieser Wahrheitsproblematik folgende Inzestproblem belastet zunehmend Andris Verhältnis zu seinem Vater.

Gesellschaftlicher Bereich

Mit diesem privaten Bereich und seinen Problemen verbunden ist der gesellschaftliche Bereich. Frisch lässt sieben Gestalten des öffentlichen Lebens von Andorra auftreten: Pater, Soldat, Wirt, Tischler, Geselle, Doktor, Jemand. Sie verkörpern die andorranische Gesellschaft, ihre Verhaltensweisen und Vorurteile werden zur An-

Die Struktur des Dramas

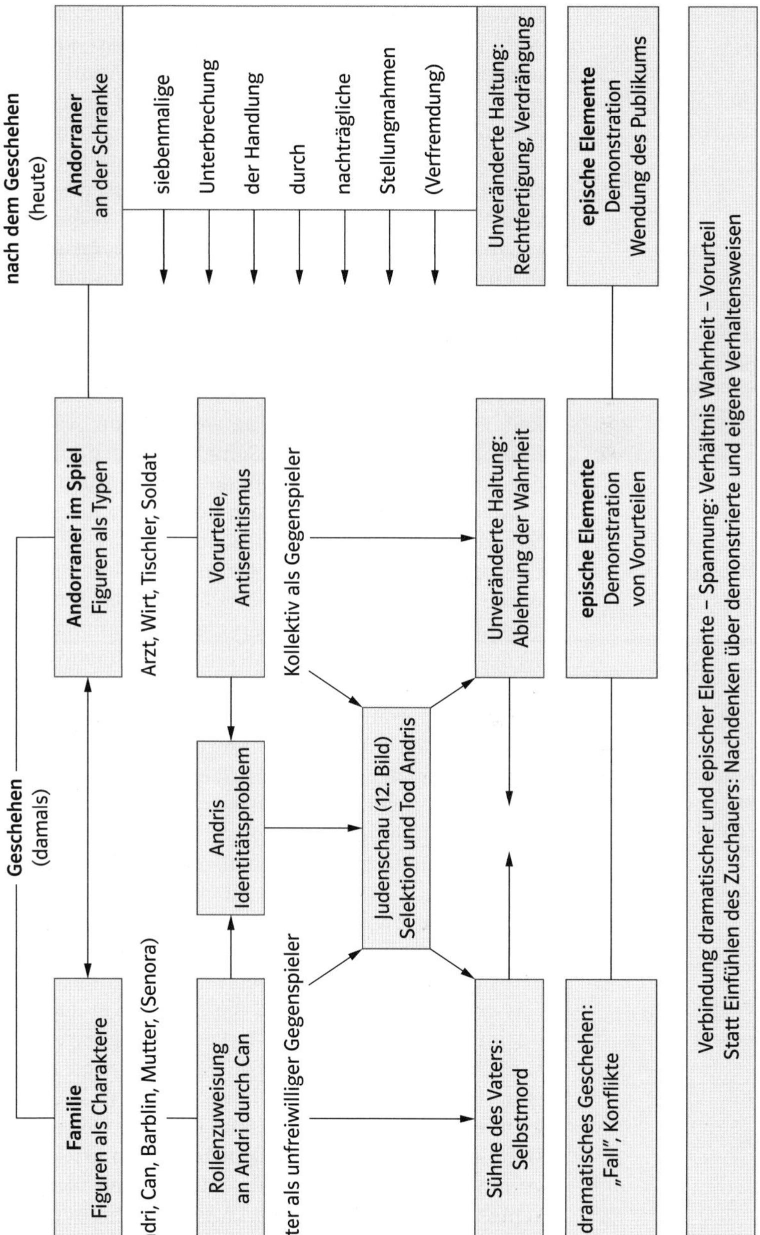

schauung gebracht. Was diese Personen miteinander verbindet, ist vor allem die Tatsache, dass jede von ihnen sich ein bestimmtes „Bildnis" von Andri und von Andorra gemacht hat. Diese Szenen sind Elemente des epischen Theaters. In ihnen läuft das Geschehen nicht dramatisch auf einen Höhepunkt, eine Katastrophe oder eine Lösung zu, sondern es wird gewissermaßen „erzählt", um bestimmte Sachverhalte oder Verhaltensweisen, nämlich die Vorurteilsbefangenheit der Andorraner, ihren Antisemitismus, zur Anschauung zu bringen, zu ‚demonstrieren'.

Bedeutung der Szenen

Verknüpfung der Handlungsstränge

Die beiden Handlungsstränge laufen jedoch nicht getrennt nebeneinander her, sondern sind durch die Person Andri miteinander verbunden. Auf seine Zugehörigkeit zu beiden Bereichen verweist schon sein Name. Einmal ist er Individuum, Sohn, Liebender im Bereich der Familie. Er ist aber auch der vermeintlich ‚Andere' und vertritt den Andorranern gegenüber die verfemte Minderheit, die Gruppe der Juden.

Can als Andris Gegenspieler

Der Lehrer Can gibt Andri als Judenkind aus und wird durch diese Lüge zum unfreiwilligen – personalen – Gegenspieler Andris. Als er Andri die Heirat mit Barblin verweigert, gerät dieser noch tiefer in die Isolation und in Identitätsschwierigkeiten, so dass er schließlich so wird, wie die Andorraner ihn aufgrund ihres Vorurteilsmechanismus haben wollen. Sie verkörpern den nicht-personalen Gegenspieler Andris, die „Idee" des Antisemitismus. Andri ist in beiden Handlungssträngen Objekt der Lüge und Verleumdung anderer: seines Vaters und der Andorraner. Dramatisches Geschehen – die Konflikte innerhalb der Familie – und epische Elemente – Demonstration von Vorurteilen – beginnen zusammen im ersten Bild, trennen sich, bewegen sich aufeinander zu und vereinigen sich schließlich im zwölften Bild, der Judenschau.

Antisemitismus als „Gegenspieler" Andris

Funktion des ersten Bildes

Das erste Bild erfüllt einmal die Funktion einer Exposition im klassischen Drama, indem es zeigt, welche persönlichen, politischen und gesellschaftlichen Spannungen, die später zu Konflikten werden, in Andorra zwischen Einzelpersonen und Gruppen bestehen und wie diese Personen und Gruppen sich den Konflikten gegenüber verhalten. Es ‚demonstriert' andererseits die typischen Einstellungen und Verhaltensweisen der Andorraner, die, wie in den folgenden Bildern gezeigt wird, zunehmend die Familienmitglieder und ihr Verhältnis zueinander belasten.

Funktion des zwölften Bildes

Das zwölfte Bild stellt einmal den Endpunkt der dramatischen Entwicklungen dar, die im ersten Bild angedeutet werden. Es zeigt die „Katastrophe", Andris Aussonderung als Jude, verweist damit auf dessen Tod und entspricht so dem fünften Akt des klassischen Dramas. Aber dieses Bild hat ebenfalls Demonstrationscharakter. Es zeigt, wie die Vorurteile der Andorraner in Gewalt umschlagen, und es führt den Unterschied zwischen dem Selbstbild der Andorraner und ihrem tatsächlichen, feigen und opportunistischen Verhalten besonders drastisch vor.

Akzentverschiebung

Die Verbindung zwischen den beiden Handlungssträngen wird auch dadurch deutlich, dass alle am dramatischen und am epischen Geschehen beteiligten Personen – außer dem Pater – sich auf der Bühne aufhalten. Frisch hat aber den anfangs gesetzten Akzent verschoben: Nicht mehr die – persönliche – Identitätsproblematik steht jetzt im Mittelpunkt der Darstellung wie in den Bildern 1–6 bzw. 9, sondern das gesellschaftliche Problem der Vorurteilsbefangenheit gegenüber Gruppen, der Antisemitismus.

Identitätsproblematik

Andris Identitätsproblematik steht besonders im Mittelpunkt des Geschehens, das die ersten sechs Bilder vorführen. Er sucht seine eigentliche Individualität zu verwirklichen, wird aber von der Gesellschaft daran gehindert.

Annahme des „Bildnisses" durch Andri

In den Bildern 7–12 wird dann gezeigt, wie Andri das ihm aufgezwungene „Bildnis" schließlich annimmt. Diese Entwicklung ist in der Hauptsache allerdings schon im siebten bzw. neunten Bild abgeschlossen. Das siebte Bild enthält den inneren Höhepunkt, die Wende sowohl in Andris Entwicklung wie auch in der Entwicklung der Handlung: Andri beendet seine verzweifelten Auflehnungsversuche und akzeptiert seine Rolle als „Jud". Im neunten Bild verweigert er sich einer erneuten Identitätsveränderung. Damit ist die gedankliche Zielsetzung des Dramas erreicht.

Verschiebung des Schwerpunktes

Die folgenden Bilder verschieben den Schwerpunkt immer deutlicher zur gesellschaftlich-politischen Problematik hin, deren Zielpunkt im zwölften Bild erreicht wird: Andri wird als „Jud" aussortiert, abgeführt und getötet. Der Lehrer zieht die Konsequenz aus seinem verfehlten Leben und erhängt sich. Barblin ist wahnsinnig geworden. Die Familie ist zerfallen. Die Andorraner geben sich keine Schuld am Geschehen, und dem Zuschauer wird der Unterschied zwischen der wohlanständigen Fassade des „Volk[s] ohne Schuld“ und der tödlichen Wirklichkeit des – moralisch – „schwachen Land[es]“ demonstriert.

Die Zeitstruktur

Spielhandlung

Den beiden Handlungsebenen – Binnen- und Rahmenhandlung – hat Frisch zwei entsprechende Zeitebenen zugeordnet. Die Spielhandlung, die das damalige Geschehen vorführt, läuft chronologisch ab. Sie enthüllt aber in einer gegenläufigen Bewegung – im 4., 8. und 9. Bild – allmählich die Vorgeschichte, die Lüge des Lehrers über Andris Herkunft, die das spätere Geschehen bedingt: Sie treibt den Lehrer in Trunksucht und Selbstmord, Andri in die Hände der Schwarzen und schließlich in den Tod.
Diese Bauform erinnert an das klassische Enthüllungsdrama wie z. B. Sophokles' *König Ödipus*, wo es darum geht, nach den Ereignissen die verhüllte Wahrheit ans Licht zu bringen: Auch in *Andorra* werden Wahrheiten enthüllt – die über Andri, über das Verhalten des Lehrers und das der Andorraner.

Zeugenaussagen als Rahmen

Deren Zeugenaussagen unterbrechen die eigentliche Handlungsebene und bilden eine Art Rahmen. Frisch lässt die Andorraner von einem Zeitpunkt nach dem Geschehen aus zu ihrem damaligen Verhalten Stellung nehmen. Damit erhält das frühere Geschehen den Charakter des Unabänderlichen: Alle Entscheidungen sind bereits getroffen, und die Andorraner beurteilen ein abgeschlossenes Geschehen. Diese Auftritte an der Schranke sind jedoch nicht chronologisch, sondern systematisch angeordnet. Die Rechtfertigung der einzelnen Andorraner geschieht dann, wenn ein sachlicher Bezug zwischen dem damaligen Geschehen und der rückblickenden Person vorliegt. So äußert sich z. B. der Wirt an der Zeugenschranke, nachdem sein Verhalten dem Lehrer gegenüber – er nutzt dessen Notlage aus – im ersten Bild vorgeführt wurde.

Funktion der Zeugenaussagen

Die Zeugenaussagen haben eine doppelte Funktion: Sie enthalten Hinweise auf den Ausgang des Geschehens, ohne allerdings genau zu sagen, wie die Katastrophe eintritt. Damit haben sie für den Zuschauer vorausdeutenden Charakter: Er kann die vermittelten Informationen zum Zeitpunkt des dramatischen Geschehens noch nicht haben.

Abfolge der Informationen

Diese Informationen werden jedoch nicht auf einmal, sondern nacheinander gegeben. Bereits nach dem ersten Bild erfährt der Zuschauer durch die Zeugenaussage des Wirtes, dass Andri kein Jude, sondern Sohn des Lehrers gewesen sei und dass es „so" kam (24). Nach dem dritten Bild hört er, dass „sie" Andri „[später] geholt haben" (36), nach dem sechsten Bild, dass Andri „getötet" worden ist (55), nach dem neunten Bild, dass es „Soldaten" waren, die ihn holten (83), und nach dem elften Bild, dass „Greuel" und „Mißhandlungen" vorgekommen seien (96 f.). Im zwölften Bild wird dann das vorher Angedeutete vorgeführt, und der Zuschauer erkennt jetzt rückblickend und schlagartig, wie die rechtfertigenden Äußerungen der Andorraner zu bewerten sind.

Art der Spannung

Die Spannung, die das Stück zusammenhält, ergibt sich für den Zuschauer nicht aus der Unkenntnis des Ausgangs, sondern aus der Unkenntnis des Geschehens, das zu diesem Ausgang führt. Sie wird vom „Was" auf das „Wie" verlagert. Die Zuschauer sollen darauf achten, dass die Andorraner Andri durch ihre Vorurteile zum Juden machen und ihn schließlich töten.

Zeitlicher Abstand

Die Zeugenaussagen haben aber noch eine andere Bedeutung. Sie finden in der Gegenwart des Zuschauers statt, in der Zeit, in der die jeweilige Aufführung stattfindet. Auf diesen zeitlichen Abstand zum Geschehen verweisen Wendungen wie „nach Jahr und Tag" (24), „damals" (83) und „es war" (36, 96). Auf diese Weise wird die eigentliche – damalige – Handlung um Andri, die der Zuschauer als anschauliche Gegenwart empfindet, ständig in die Ferne gerückt und der Vergangenheit zugewiesen. Frisch will die Zeitspanne zwischen den Zeitebenen durch das Kostüm deutlich machen: „der Soldat ist nicht mehr Soldat, erscheint als Zivilist im Regenmantel, den er sich rasch überzieht." (M. Frisch, „Notizen von den Proben", in: M. F., *Gesammelte Werke*, Bd. 4, S. 562–571)

Bilder als Rückblenden

Durch diese Technik erhalten die einzelnen Bilder den Charakter von Rückblenden. Der Zuschauer kann aus seiner Kenntnis des Geschehens den Unterschied zwischen dem behaupteten und dem tatsächlichen Verhalten der Andorraner, zwischen angeblicher Schuldlosigkeit und tatsächlicher Schuld erkennen. Je deutlicher die Schuld der Andorraner Andri gegenüber durch die Handlung vorgeführt wird, umso grotesker wird dieser Gegensatz. Die Andorraner entlarven sich selbst und werden durch den Gang der Handlung fortwährend entlarvt: Sie haben nichts dazugelernt und sind weiterhin verstockt und unbelehrbar.

Rechtfertigung für das Publikum

Die Personen an der Rampe rechtfertigen sich nach Frischs Willen aber nicht vor dem Publikum, sondern für das Publikum:

> „Die Andorraner sitzen im Parkett, nicht Richter, sondern ebenfalls Zeugen; der Zeuge, der spricht, wendet sich nicht an den Zuschauer, sondern spricht parallel zur Rampe." (Ebd.)

Außerdem sollten während der Aussagen die jeweils vorher gespielten Szenen aus der Vergangenheit in gedämpftem Licht erkennbar bleiben, „davor die Zeugen im Scheinwerfer". Auf diese Weise will Frisch die „Konfrontation des heutigen Zeugen mit dem geschichtlichen Tatort" erreichen (ebd.).

Gegenwärtige Gerichtsszene

Vorbilder Frischs

Was in der Prosaskizze in eine unbestimmte Zeit verlegt wird, die Stellungnahme der Andorraner zu ihrem früheren Verhalten, wird im Drama zur gegenwärtigen Gerichtsszene, die mit der jeweiligen Aufführung des Dramas zeitlich zusammenfällt. Vorbilder für diese szenische Gerichtsverhandlung finden sich u.a. bei Kleist und Brecht. In Kleists Lustspiel *Der zerbrochne Krug* wird der Zuschauer zum amüsierten und kritischen Zuschauer einer eigenartigen Wahrheitsfindung, wobei der Richter sich als Täter herausstellt. In Brechts Parabelstück *Der gute Mensch von Sezuan* richten die Götter im letzten Bild über den „guten Menschen" und fordern durch ihr Verhalten den Widerspruch der Zuschauer heraus; im Schlussbild seines Stücks *Der Kaukasische Kreidekreis* wird über die rechte Mutter entschieden.

Publikum als kritischer Zeuge

Eine ähnliche Funktion hat die Gerichtsverhandlung in *Andorra*. Das Publikum erhält die Möglichkeit, das Geschehen kritisch zu betrachten. Diese publikumsbezogene Ausrichtung ist ebenfalls ein Merkmal des epischen Theaters. Die Selbstständigkeit der dramatischen Welt wird aufgegeben, um besser in die Lebenswirklichkeit des Zuschauers hineinwirken zu können. Das Publikum kann zum Zeugen gemacht werden, weil es die Szenen aus der Vergangenheit gerade gesehen hat, die in der Gegenwart Gegenstand der Aussagen sind.

Aktualität der Gerichtsverhandlung

Da es sich nicht um eine bestimmte, zeitlich begrenzte Gerichtsverhandlung handelt, bleibt die Verhandlung selbst in der Schwebe. Sie wird zum gegenwärtigen Geschehen, das sich in jeder Aufführung wiederholt, und fordert eine wechselnde Öffentlichkeit immer neu zur Stellungnahme heraus. Die Zeugenaussagen können deshalb als kontinuierliche Rahmenhandlung aufgefasst werden.

Einordnung der Zwischenspiele

Die Zwischenspiele vor dem neunten und elften Bild, die keine Zeugenaussage enthalten, gehören zu beiden Zeitebenen: In der Vordergrundszene zwischen dem 8. und 9. Bild fordert die Senora, Andris Mutter, Rechenschaft vom Lehrer wegen dessen Lüge über Andris Herkunft. In diesem Gespräch erhält der Zuschauer Informationen über die Vorgeschichte und über die Motive für das spätere Verhalten von Andris Eltern ihrem Sohn gegenüber. Der Lehrer gelobt der Senora, die Wahrheit zu sagen. Dieses Zwischenspiel gehört einmal zu der in der Vergangenheit, auf der ersten Zeitebene, spielenden Handlung, da danach der Pater Andri die Wahrheit beibringen soll und Andris Verhaftung noch bevorsteht. Aber diese Szene gehört auch zur Rahmenhandlung, zur zweiten Zeitebene:

- Sie spielt nach der Anweisung Frischs im Vordergrund, ist Einschub.
- Beide Eltern begründen ihr Versagen Andri gegenüber und nehmen damit Stellung zu ihrem Verhalten wie die übrigen Andorraner.

In der Zwischenszene vor dem 11. Bild fallen keine Worte: Zwei Soldaten der Schwarzen patrouillieren im Vordergrund. Damit wird einmal die zur Handlung der ersten Zeitebene gehörende Besetzung Andorras durch die Schwarzen vorgeführt, die Andri später töten. Aber die Szene gehört auch zur Rahmenhandlung, zur zweiten Zeitebene: Sie zeigt die stumme, brutale Gewalt, die sich nicht rechtfertigt und die letztlich das Verhalten der Andorraner in der Judenschau bedingt und die eigentliche Antwort auf ihre Rechtfertigungsversuche darstellt: Aus Angst vor der Gewalt verhalten sie sich feige und lassen Andris Tötung zu.

Unterschied Brecht – Frisch

Die Gerichtsverhandlung umschließt Vergangenheit und Gegenwart. Frisch will auf diese Weise die Zuschauer zur Stellungnahme zu Problemen der Vergangenheit und zu solchen ihrer Zeit anregen. In Brechts Stück *Der gute Mensch von Sezuan* soll das Urteil der Götter, die aus eigennützigen Gründen die Wahrheit, die unmenschlichen wirtschaftlichen Verhältnisse, nicht sehen wollen, die Zuschauer dazu anregen, den „guten Schluß" selbst zu finden: Die – kapitalistische – Gesellschaftsordnung muss geändert werden. Frisch sieht in *Andorra* keinen „guten Schluß". Er gibt keine konkreten Hinweise darauf, welche Veränderungen vorzunehmen sind, um ein menschenwürdiges Leben für jeden zu ermöglichen. Er registriert nur die Verhaltensweisen. Damit drückt er seine Skepsis gegenüber der Wirkung von Brechts Theater und der von Theater überhaupt aus. Für Frisch ist nicht die ungerechte Gesellschaftsordnung das Problem wie für Brecht, sondern das Bewusstsein des Einzelnen, das sich nicht ohne Weiteres ändern lässt: Trotz Kenntnis der Vorfälle haben im Nachkriegsdeutschland und in andern Ländern die früheren Täter aus ihren Fehlern und dem verübten Unrecht nichts gelernt. Mörder fühlten sich unschuldig, die Mitläufer haben keine Verbrechen begehen wollen und nur auf Befehl gehandelt. Aber die Offenheit der Gerichtsverhandlung deutet doch darauf hin, dass Frisch eine, wenn auch geringe, Hoffnung auf Änderung des Bewusstseins hat. Sonst wäre es sinnlos, das Publikum anzusprechen und zu kritischer Stellungnahme gegenüber den vorgeführten Verhaltensweisen auffordern zu wollen.

Bewusstseinsänderung als Problem

Hoffnung auf Änderung

Die Raumstruktur

Schauplatz

Hauptschauplatz des Stücks ist der „Platz von Andorra". Frisch sagt dazu:

> „Gemeint ist ein südländischer Platz, nicht pittoresk, kahl, weiß mit wenigen Farben unter finsterblauem Himmel. Die Bühne soll so leer wie möglich sein. Ein Prospekt im Hintergrund deutet an, wie man sich Andorra vorzustellen hat; auf der Spielfläche steht nur, was die Schauspieler brauchen. Alle Szenen, die nicht auf dem Platz von Andorra spielen, sind davorgestellt. Kein Vorhang zwischen den Szenen, nur Verlegung des Lichts auf den Vordergrund. Es braucht kein

> Anti-Illusionismus demonstriert zu werden, aber der Zuschauer soll daran erinnert bleiben, daß ein Modell gezeigt wird, wie auf dem Theater eigentlich immer." (M. Frisch, *Stücke*, Bd. 2, Frankfurt a. M.: Suhrkamp, 1974, S. 423)

Der Ort, das Bühnenbild, soll also die Modellhaftigkeit des Stücks unterstreichen. Damit wird die Aufmerksamkeit des Zuschauers nicht durch Ausstattungsdetails abgelenkt, sondern kann sich auf die Beziehungen zwischen den Personen, auf ihr Verhalten, ihre Mimik und Gestik und vor allem ihre Sprache richten. Dadurch erhalten die wenigen Gegenstände, die auf der Bühne zu sehen sind, besondere und zum Teil symbolische Bedeutung: Das Orchestrion bedeutet die Wiederkehr des Immer-Gleichen, die Geldstücke erinnern an das Vorurteil vom geldgierigen Juden; die Schuhe deuten auf Andri und auf die Eigenschaften und Verhaltensweisen, die die Andorraner auf ihm abgeladen, ‚ihm in die Schuhe geschoben' haben; die Stühle verweisen auf die andorranische Gesellschaft, die nur für ihresgleichen Platz hat; die weißen Wände täuschen Reinheit und Unschuld vor.

Symbole

Vor dem Platz von Andorra befinden sich die einzelnen Spielorte: die Pinte, die Tischlerwerkstatt und vor allem das Haus des Lehrers als Mittelpunkt der familiären Handlung. In diesem Haus erhält die Schwelle vor Barblins Kammer durch das Geschehen eine besondere Bedeutung. Hier finden statt:

Haus und Schwelle

- die Zusammenkunft Andris mit Barblin,
- die Reflexion Andris, während gleichzeitig dahinter in ihrer Kammer Barblin vermutlich vergewaltigt wird,
- die Verhaftung Andris.

Diese Schwelle ist der Ort, an dem sich Andris Schicksal entscheidet. Er kann sie aufgrund der Vorurteile, die die Andorraner ihm entgegenbringen und die er allmählich verinnerlicht, nicht überwinden: Er kann weder zu sich noch zu andern gelangen.

Andorra – ein Modell

Andorra – ein Modell	
	➞ Der fiktive Ort Andorra soll die Modellhaftigkeit, die Offenheit und allgemeine Gültigkeit des Geschehens verdeutlichen. ➞ Der gesellschaftliche Aspekt soll sich nicht nur auf die Judenverfolgung durch die Nationalsozialisten beziehen, sondern auch das Verhalten der Schweiz während dieser Zeit kritisch hinterfragen. ➞ Der persönliche Aspekt des Stücks soll beispielhaft zeigen, wie ein Mensch durch an ihn herangetragene Rollen an seiner Identitätsfindung gehindert wird. ➞ Der moralische Aspekt soll außerdem auf die Entstehung und Auswirkung von Vorurteilen hinweisen.

Definition „Modell"

Unter einem „Modell" versteht man eine verkleinerte und vereinfachte Abbildung der Wirklichkeit. Dabei werden die Wirklichkeitsbereiche oder Merkmale, die für die Erkenntnisgewinnung bzw. Aussageabsicht eines Autors wichtig sind, wie durch ein Mikroskop so vergrößert, dass sie für den Betrachter bzw. Zuschauer oder Leser deutlich erkennbar und verständlich sind. Die für die Erkenntnisgewinnung bzw. Aussageabsicht unwichtigen Merkmale und Besonderheiten werden weggelassen. Zwischen Modell und dem gemeinten Wirklichkeitsbereich müssen sich die wesentlichen Elemente entsprechen.

„Modell" im Sinne Frischs

Für Frisch bedeutet „Modell" aber noch etwas anderes: Ein Modell ist für ihn eine vorgestellte, fiktive Welt, an der Wirklichkeit überprüft werden kann. In *Andorra* will er am Beispiel des fiktiven Kleinstaats Verhaltensweisen, Vorurteile vorführen und überprüfen, die überall und zu jeder Zeit vorkommen können oder schon vorgekommen sind. Deshalb strebt er keinen direkten Wirklichkeitsbezug an, will sich nicht auf ein konkretes Land beziehen. Der Name Andorra könnte dazu verleiten, deshalb schreibt Frisch in der Vorbemerkung zum Stück:

Name des Kleinstaats

> „Das Andorra dieses Stücks hat nichts zu tun mit dem wirklichen Kleinstaat dieses Namens, gemeint ist auch nicht ein anderer wirklicher Kleinstaat. Andorra ist der Name für ein Modell." (8)

Auf die Frage, warum er dann sein Stück Andorra genannt habe, antwortet Frisch in einem „Werkstattgespräch" selbstkritisch: „‚Andorra' ist kein guter Titel, der bessere fiel mir nicht ein." (Horst Bienek, *Werkstattgespräche mit Schriftstellern*, München: Hanser, 1969, S. 32–34)

Verallgemeinerungsabsicht

Wegen dieser Verallgemeinerungsabsicht wehrt sich Frisch dagegen, dass sein Stück ausschließlich auf den Nationalsozialismus und die Judenverfolgung bezogen wird. In Gesprächen mit Eberhard von Wiese (*Hamburger Abendblatt*, 25.1.1961) und Hans F. Nöhbauer (*Abendzeitung München*, 27.1.1962) meint er, er habe „alle bekannten Schlagwörter der Nazis vermieden" und „die Vergasungsöfen nicht erwähnt", weil sein Stück „nicht eine allegorische Illustration der Geschichte" sei, sondern „hinter die Geschichte" greife. Frisch interessiert „der Beginn einer Katastrophe", und er wählt das fiktive Andorra, weil das, was dort geschieht, sich überall ereignen könne, „wenn die Voraussetzungen gegeben sind" (zit. nach: W/S, 54f.). Frisch geht es somit nicht in erster Linie um die Darstellung der Judenverfolgung während der Hitlerdiktatur, aber diese Zeit und ihre Schrecken sind für ihn Anlass und Muster zu modellhafter Darstellung der Gesellschaft und des Einzelnen.

Bezug: Hitler-Diktatur

Das andere historische Beispiel, auf das sich *Andorra* bezieht, ist die unbewältigte Schweizer Vergangenheit: Nach Kriegsende glaubte sich die offizielle Schweiz mit ihrer Politik der bewaffneten Neutralität zur Nazi-Zeit im Recht. Damals hatte man zwar Tausenden von Flüchtlingen Zuflucht gewährt, man hatte aber auch Tausende an der Grenze zurückgewiesen und damit in den Tod geschickt. Auf Ersteres war man stolz, Letzteres wurde verdrängt. Frischs Stück war der erste massive Angriff gegen ein solches Schweizer Selbstverständnis. Er kritisiert bei seinen Landsleuten auch eine Tendenz zur Gleichgültigkeit den Nazi-Untaten gegenüber und einen kritiklosen Patriotismus. Wenn er Andorra als „Hort des Friedens und der Freiheit und der Menschenrechte" (64) bezeichnet, so kritisiert er damit auch das Selbstbild der Schweizer. *Andorra* kann daher auch als Antwort auf die Frage verstanden werden, was geschehen wäre, wenn die Deutschen in die Schweiz einmarschiert wären.

Bezug: Schweiz

Schweiz-Kritik

Frisch sieht aber selbst, dass die Parabelform, da sie sehr

Schwerpunkt: Judenverfolgung der Nazis

allgemein und offen ist, die Ausrichtung der Deutung des Stücks auf die Judenverfolgung der Nazis begünstigt:

> „Wer von unbewältigter Vergangenheit hört, denkt an Deutschland, […] Sprechen wir von der unbewältigten Vergangenheit der Schweiz, so wirkt es peinlich. […] Wir sind […] vergleichsweise immer die Unschuldigen, und was in der Schweiz geschehen oder unterlassen worden ist, scheint nicht der Rede wert." (M. Frisch, „Unbewältigte schweizerische Vergangenheit", in: M. F., *Gesammelte Werke*, Bd. 5, S. 370)

Formale Mittel

Um den Modellcharakter seines Stücks zu verdeutlichen, bedient sich Frisch bestimmter formaler Mittel:

- Er stellt die Verhaltensweisen der Personen überdeutlich, fast klischeehaft dar.
- Er lässt die Andorraner unter ihrer Berufsbezeichnung auftreten, um deutlich zu machen, dass sie die verschiedenen Gruppen der Gesellschaft repräsentieren.
- Er stellt Berufe dar, die eine noch wenig spezialisierte Tätigkeit erlauben und eine unabhängige, wirtschaftlich gesicherte Position garantieren.
- Er reduziert Staat und Gesellschaft aufs Überschaubare. Andorra ist keine moderne Industriegesellschaft.
- Er bezieht die gesellschaftlichen Verhältnisse nicht auf bestimmte historische Situationen, so dass sie sich mit denen vieler europäischer Länder vergleichen lassen.

Offenheit des Modells

Offenheit und Allgemeinheit eines „Modells" bewirken, dass die Frage, für welche Verhaltensweisen und Gegebenheiten Andorra steht, nicht ganz eindeutig zu beantworten ist. Hinzu kommen noch Schwierigkeiten, die sich aus der Überlagerung der beiden Problembereiche, des persönlichen und des gesellschaftlichen, ergeben:

Individuelle Problematik

Einmal wird modellhaft vorgeführt, wie der Einzelne durch an ihn herangetragene „Bildnisse" oder Rollen an seiner Identitätsfindung gehindert wird. Berücksichtigt man diesen Schwerpunkt, so zeigt *Andorra* beispielhaft auf, wie Menschen durch gesellschaftlichen Rollenzwang eingeengt und durch negative Bildnisse abgestempelt werden, so dass sie schließlich ihre Identität verlieren.

Gesellschaftliche Problematik

Aber den andern Schwerpunkt, auf den schon der Titel des Stücks hinweist, stellt das Verhalten des Kollektivs, der Andorraner dar, dem der Einzelne, Andri, hilflos ausgesetzt ist. Das Bildnisproblem wird immer mehr von der persönlichen auf die gesellschaftlich-politische Ebene verlagert, je weiter sich das Geschehen entwickelt. Betont man diesen Schwerpunkt, dann wäre der als Beispiel zu verstehende Antisemitismus der Andorraner das Hauptproblem des Dramas, und zwar als eine bestimmte Ausprägung des Bildnisses, das auf eine gesellschaftliche Minderheit bezogen wird. So gesehen, zeigt *Andorra* die Wirkung kollektiver Vorurteile auf Menschen, die dadurch diskriminiert und zu verfolgten und schließlich vernichteten Außenseitern gemacht werden. Deshalb sollen die Zuschauer, meint Frisch, „erschrecken, sie sollen, wenn sie das Stück gesehen haben, nachts wachliegen" (M. Frisch, „Mitschuldige sind überall [Gespräch mit Curt Riess]", in: *Die Zeit*, 3. 11. 1961).

Antisemitismus als Beispiel kollektiver Vorurteile

Wirkung auf Zuschauer

Wenn Frisch auch skeptisch bezüglich der Wirkung des Theaters ist, so glaubt er doch, dass es Prozesse der Bewusstseinsbildung einleiten kann. Er sieht den Antisemitismus als Sonderform des allgemeinen Rassismus und erwähnt in diesem Zusammenhang auch „die völlige Hilflosigkeit in der Gastarbeiterfrage" (Peter André Bloch / Rudolf Bussmann, „Gespräch mit Max Frisch", in: P. A. B. / Edwin Hubacher, Hrsg., *Der Schriftsteller in unserer Zeit. Schweizer Autoren bestimmen ihre Rolle in der Gesellschaft*, Bern: Francke, 1972, S. 21).

Bewusstseinsbildung

Andorra zeigt aber – außer der Bildnis- und der Vorurteilsproblematik – modellhaft auf, wie sich Menschen dem Gruppendruck, dem Massenwahn und der Gewalt gegenüber verhalten. Sie richten sich nach den Normen und Wertvorstellungen der Gruppe, obwohl sie wissen, dass diese unmenschlich sind. Sie verzichten auf ihre Fähigkeit, selbstständige Urteile zu bilden und auf ihre eigenen Erfahrungen zu vertrauen. Sie verlieren ihre Fähigkeiten des Denkens und Handelns und benehmen sich „[…] wie Marionetten, wenn die Fäden durcheinander sind" (77), wie Andri zum Pater sagt. Sie erkennen nicht, dass die Wurzeln ihrer Vorurteilsbefangenheit im Bereich der Affekte liegen, und sind deshalb nicht fähig, diese Unfreiheit zu überwinden, die letztlich zur Gewalt führt. Diese Auswirkung von Vorurteilen, von Unwahr-

Modell für Gruppendruck und Gewalt

haftigkeit, Angst und Feigheit wird modellhaft vorgeführt, ebenso wie die Vernichtung des Opfers durch die Gewalttätigkeit des Kollektivs.
Berücksichtigt man die verschiedenen Gesichtspunkte, so kann man drei Bereiche erkennen, auf die das „Modell" Andorra verweist:

Persönlicher Bereich

- den psychologisch-existenziellen (persönlichen) Bereich: Er zeigt am Beispiel Andris, wie ein Mensch durch das ihm von der Gesellschaft aufgedrängte „Bildnis" seine eigentliche Identität verfehlt;

Gesellschaftlicher Bereich

- den sozialpsychologischen (gesellschaftlichen) Bereich: Er zeigt die Wirkung kollektiver Vorurteile am Beispiel des Antisemitismus in Bezug auf Minderheiten, die dadurch ihrer Identität entfremdet und zu verachteten Außenseitern werden. Der „Jud" Andri, der keiner ist und doch dazu gemacht wird, ist Stellvertreter für das Fremd- und Andersartige, das das Kollektiv beunruhigt und deshalb ausgeschaltet wird;

Moralischer Bereich

- den moralisch-ethischen Bereich: Er zeigt, wie Vorurteile aus innerer Unfreiheit und fehlendem Mut zur Wahrheit entstehen und schließlich in Gewalt und Vernichtung der Minderheit umschlagen können. Es zeigt aber auch die Unfähigkeit oder Unwilligkeit der Täter, mit ihrer Schuld fertigzuwerden, sie zu bewältigen und sich zu ihrer Verantwortung zu bekennen.

Schuldverflechtung

Es geht Frisch aber in seinem Stück nicht nur um das Aufzeigen der Schuld von Einzelnen oder von Gruppen, sondern um das Aufzeigen der Schuldverflechtung, die durch die Wechselwirkung der drei Bereiche bedingt ist. Frisch stellt diese Wechselwirkung mit den künstlerischen Mitteln des Theaters dar.

Sprache und Symbolik

➞ Frisch lässt seine Personen dialektal eingefärbte Sprache sprechen, die Ausdruck der Rolle ist, die sie spielen. Sie dient der Selbstvergewisserung des jeweiligen Sprechers. ➞ Andris Sprache zeigt seine Entwicklung von Rollenfreiheit zu Rollenbindung. Sein Schweigen verdeutlicht schließlich seine Isolierung von seiner Umwelt. ➞ Bibelanspielungen und -parallelen dienen dazu, Andri in das Klischee des Juden zu pressen. Sie erinnern an die Passion Christi und bilden ein Verweisungsnetz von Andeutungen und Bezügen, das eine atmosphärische Geschlossenheit bewirkt und dem Mord an Andri eine allgemeine Bedeutung zuweist. Es deutet darüber hinaus auf allgemein menschliche und religiöse Zusammenhänge hin. ➞ Viele Symbole (weißeln, Blut, schwarz und weiß, Gewalt, Pfahl) zeigen das Schuldigwerden der Personen und weisen auf Andris Schicksal hin.	Sprache und Symbolik

Gesprochene Sprache

„Nicht existierende Umgangssprache“

Für den Ort Andorra hat Frisch eine eigene Sprache gefunden, die die Personen als Einheimische charakterisiert. Sie sprechen nicht wie aus einem Buch, sondern haben eine mundartliche Redeweise (vgl. Schenker, 1969, S. 31). Sie sprechen die Sprache, die zu ihnen passt. „Andorra ist ein bäurischer Ort, ein bißchen hinterwälderisch, keine Großstadt […].“ Frisch meint deshalb: „Figuren […] von der Naivität Barblins, Figuren wie den Tischler könne er viel leichter mit einer Sprache ausstaffieren, die gesprochen wirkt.“ (Zit. nach: Ebd., S. 32) Typisches Beispiel für Barblins Sprache sind ihre Fragen:

> „Ist's wahr, Hochwürden, was die Leut sagen? Sie sagen: Wenn einmal die Schwarzen kommen, dann wird jeder, der Jud ist, auf der Stelle geholt. […] Und wenn er eine Braut hat, die wird geschoren, sagen sie, wie ein räudiger Hund.“ (13)

Kennzeichen der gesprochenen Sprache

Kennzeichen der gesprochenen Sprache sind Kurzformen wie „ist's“, „Leut“, „Jud“, die Assoziationen an das Schweizerdeutsche weckt:

„Jud"

„Die Vollform ‚Jude' assoziiert Frisch sofort ganz speziell mit den Judenverfolgungen in Hitlerdeutschland […]. In der Schweiz aber habe man das Gefühl, bei uns sei das ganz anders, bei uns werden keine Juden verfolgt. Und genau da will Frisch mit ‚Andorra' einsetzen: beim sogenannten harmlosen, beim latenten und biederen Antisemitismus. Frisch schreibt ‚Jud' und nicht ‚Jude', damit will er dem Schweizer Publikum sagen: ich meine jetzt nicht Auschwitz, nicht die ungeheure Affäre der Deutschen, sondern euch mit euren so harmlosen Judenwitzen […]." (Schenker, 1969, S. 22)

Indikativgebrauch

Aber nicht nur die Kurzformen geben Barblins Äußerung die Wirkung gesprochener Sprache, sondern auch ihre syntaktische Umständlichkeit. Diese rührt auch daher, dass in der Redewiedergabe keine indirekte Rede mit dem sich schriftlich ausnehmenden Konjunktiv, sondern direkte Rede mit Indikativ verwendet wird: „Sie sagen: wenn einmal die Schwarzen kommen, dann wird jeder […] geholt." (13)

Hochdeutsch und Schweizerdeutsch

Im Gegensatz zu der gesprochenen Sprache der meisten Andorraner steht das Hochdeutsch der Senora und des Doktors. Die Andorraner sagen „Jud", die Senora „Jude". Sie sagt „hierzulande", der Wirt „hierzuland". Sie sagt „feige", Andri „feig". Sie sagt „darum", der Lehrer „drum". Sie sagt „ist es", Barblins „ist's". Die Andorraner sagen „Schuh", der Doktor sagt „Schuhe". Frisch stellt sich die Senora und den Doktor als die Beleseneren vor. Die Senora ist keine Andorranerin, sie kommt von „drüben". Führt man das Modell Andorra zurück auf das konkrete Muster der Schweiz, so wird die andere Sprache der Senora verständlich:

„Dann sprechen die Andorraner schweizerdeutsch, die Senora aber, als Deutsche, hochdeutsch. Und der Doktor, der sich etwas darauf einbildet, in der Welt herumgekommen zu sein, zeigt als einziger Andorraner, daß er weiß, wann man als gebildeter Schweizer hochdeutsch zu sprechen hat: im Gespräch mit den Deutschen und in einer öffentlichen Rechtfertigung." (Schenker, 1969, S. 35)

Gegensatz von vulgärer und gehobener Sprache

Dem Gegensatz zwischen Schweizerdeutsch und Hochdeutsch entspricht der Gegensatz zwischen gewöhnlicher, vulgärer und gehobener Sprache in Andorra: „Die Senora sagt zum Soldaten, der sie begafft: ‚Gibt es in Andorra keine Frauen?' Der Soldat entgegnet: ‚Habt ihr das

gehört? Ob's in Andorra keine Weiber gibt, fragt sie.'" (68)
Zur saloppen Ausdrucksweise der Andorraner gehören auch grobe Ausdrücke wie „gaffen", „herabsauen", „scheißen", „grinsen", „saufen", „Blödian", „zur Sau machen", „anschnauzen".

Rollensprache

Zu den charakteristischen Merkmalen von Personen oder Gruppen gehört ihre Sprache, die, oft gegen ihren Willen, Auskunft über ihr Wesen und Denken gibt. Dies ist auch so bei den Andorranern. Ihre Sprache ist Ausdruck der Rolle, die sie spielen. Diese Rollensprache dient weniger der Kommunikation mit dem andern als der Selbstvergewisserung des Sprechers und seiner Gruppe. Erschreckend deutlich wird dieser Sachverhalt beim Soldaten.

Sprache des Soldaten

Seine Sprache entlarvt ihn als Typ des opportunistischen Befehlsempfängers, der die Juden und besonders Andri hasst und dies – im Gegensatz zum Doktor – auch offen zugibt. Seine Primitivität äußert sich in obszönen Wortspielen (vgl. 22 f.) und in Kraftausdrücken. So äußert er sich schon zu Anfang über Andris angeblichen Vorwurf der Feigheit: „[...] wir ziehen den Schwanz ein, wir scheißen in die Hosen, daß es zu den Stiefeln heraufkommt, das wagt er zu sagen: mir ins Gesicht, der Armee ins Gesicht." (22) Seine Identifizierung mit der Armee lässt erkennen, dass er sich nicht als Individuum, sondern als Repräsentant einer Gruppe sieht und dass allein darauf sein Selbstwertgefühl beruht. Deshalb kann er auf selbstständiges Denken verzichten: „Order ist Order" (55) und „Befehl ist Befehl" (89). Stumpfsinnig übernimmt er die Parolen und Schlagwörter der Gruppe: „Lieber tot als Untertan" will er sein (21, 64) und „bis zum letzten Mann" (22, 64) kämpfen. Dass hinter seinem Verhalten Unsicherheit und Schwäche stehen, zeigt sein Drang nach Selbstbestätigung: Zum Abschluss einer Äußerung sagt er z. B.: „Das steht fest." (21) Unbelehrbar bleibt er auch nach dem Geschehen in seiner früheren Rolle befangen: „Wo kämen wir hin, wenn Befehle nicht ausgeführt werden?“ (55), fragt er aggressiv.

Sprache des Doktors

Einen deutlichen Gegensatz zwischen Selbstbild und tatsächlichem Verhalten lässt auch die Sprache des Doktors erkennen. Bei seinem Auftritt an der Schranke widerlegt schon die Konstruktion des ersten Satzes seine erklärte Absicht, sich kurzfassen zu wollen: „Ich möchte mich kurz fassen, obschon vieles zu berichtigen wäre, was heute geredet wird.“ (96)
Seine Aussage ist die umfangreichste von allen und für seine und der Andorraner Haltung zum vergangenen Geschehen besonders aufschlussreich. Seine Sprache verrät ihn: Er verwendet das Personalpronomen „ich“ nur an den Stellen, an denen er unleugbare Fakten ausspricht oder sich über Selbstverständlichkeiten äußert: „Ich war Amtsarzt, was ich heute noch bin.“ (Ebd.) An den Stellen, an denen er die Schuld auf alle oder sogar auf den Ermordeten abschieben will, ersetzt er das „ich“ durch „wir“, „alle“ oder „man“:

Unpersönliche Ausdrücke

> „Ich gebe zu: Wir haben uns damals *alle* getäuscht, was ich selbstverständlich nur bedauern kann. [...] Die Schlägerei, die später stattgefunden haben soll, habe ich nicht gesehen. Trotzdem verurteile ich sie selbstverständlich. Ich kann nur sagen, daß es nicht meine Schuld ist, einmal abgesehen davon, daß sein Benehmen (was *man* leider nicht verschweigen kann) mehr und mehr (sagen *wir* es offen) etwas Jüdisches hatte [...].“ (Ebd.)

Der Doktor verwendet sowohl kurze, einprägsame Sätze (Parataxe) als auch entlastende, verschachtelte Sätze (Hypotaxe) mit Einschüben und Fülladverbien („selbstverständlich“) für Schuld verdrängende Aussagen.

Wortwahl

Besonders die Wortwahl lässt sein Bemühen um Distanzierung vom Geschehen und um Verlagerung der Schuld auf höhere Mächte erkennen. Er erinnert an die „aufgeregte Zeit“ damals, in der die Andorraner „sozusagen einer gewissen Aktualität erlegen“ seien, und „bedauert“ den „Lauf der Dinge“ und die „tragische Geschichte“ (ebd.). Sein Hass gegen die Juden verrät sich ebenfalls durch die Wortwahl: „Wo man hinkommt, da hockt er schon […]. In allen Ländern der Welt hocken sie auf allen Lehrstühlen." (39 f.) Der Doktor merkt nicht, dass er sich als eingebildeten, geschwätzigen Versager entlarvt, der, wie der Lehrer erkennt, „Amtsarzt geworden ist, weil er keinen Satz bilden kann ohne Heimat und Andorra" (42).

Wiederholung von Phrasen

Mit patriotischen Phrasen will er seine Minderwertigkeitsgefühle ausgleichen, kompensieren, aber die ständige Wiederholung dieser Phrasen dient auch der Selbstbestätigung der andorranischen Gesellschaft. Sie wirken beruhigend, weil jeder sie kennt und ihnen nur zuzustimmen braucht, wie z.B. der Wirt: „Das stimmt, das stimmt." (64)

Verunglückte Formulierungen

Der Zuschauer erkennt an der Sprache des Doktors dessen brüchiges Selbstbild vom welterfahrenen, selbstsicheren gebildeten Patrioten. Die Hohlheit dieses Bildes wird auch durch verunglückte Formulierungen deutlich: „Andorra ist ein Begriff, geradezu ein Inbegriff, wenn ihr begreift, was das heißt." (Ebd.)

Sprache des Paters

Auch die Sprache des Paters ist Rollensprache. Er spricht als „Christ von Beruf" (78). Zu den Klischees dieser Berufssprache gehört einmal das Schuldbekenntnis: „Auch ich bin schuldig geworden damals." (62) Dass er nicht ganz aus der Reihe der sich schuldlos sehenden Andorraner tritt, lässt das Wort „damals" erkennen: Der Pater verdrängt seine Abwesenheit bei der Judenschau und durchschaut nicht sein rollenbedingtes Verhalten. Dazu gehört auch die Vorabversicherung, dass der andere verstanden und geliebt wird. Der Pater nennt Andri einen „Prachtskerl" (58) und sagt, er „liebe" ihn (59). Aber diese Liebe ist keine echte Liebe, denn sie belässt den andern in dem „Bildnis", statt ihn daraus zu befreien. Hinzu kommt, dass der Pater in Andri nicht den Einzelmenschen, sondern den Vertreter der Gruppe der Juden sieht. Die Aussage, er liebe Andri, ist also nur eine christliche Floskel und entlarvt den Pater als vorurteilsbefangen.

Floskeln der Predigersprache

Er äußert sich meist in der anspruchsvollen Predigersprache, die sich besonderer rhetorischer Mittel bedient.

Bei seinem Auftritt im Vordergrund (vgl. 62; Hervorhebung von M. E.) werden die auf Hörerwirkung angelegten Stilmittel besonders deutlich:

(1) „*Auch ich habe* mir ein *Bildnis* gemacht von ihm,
(2) *auch ich habe* ihn *gefesselt*,
(3) *auch ich habe* ihn *an den Pfahl* gebracht."

Stilmittel

Dieser Satz prägt sich in besonderem Maße beim Hörer ein, und zwar durch die Kombination von Trias (Dreischritt), Klimax (Steigerung: Bildnis – fesseln – Pfahl), Anaphern (Wiederholung des Satzanfangs: „Auch ich habe"), Parallelismus (gleiche Satzteilfolge in den Sätzen) und Metaphorik (übertragene Bedeutungen von „fesseln" und „an den Pfahl bringen"). Dabei bewirkt die wohlklingende Form, dass die Problematik des Inhalts weniger bedeutsam und gewichtig erscheint.

Der Pater spricht in dieser rhetorisch anspruchsvollen Weise aber nicht nur an dieser herausragenden Stelle, er gebraucht diese Mittel, ergänzt durch Antithetik (Gegenüberstellung von unterschiedlichen Standpunkten) und rhetorische Fragen (Scheinfragen, die schon die Antwort enthalten), schon bei seinem ersten Auftritt, als er in rhythmischer Rede ein fast biblisch-idyllisches Bild von Andorra entwirft (vgl. 12). Die rhetorisch anspruchsvolle Sprache des Paters will eine Sprache christlicher Liebe und Güte sein, sie verdeutlicht jedoch die Rollenbefangenheit des Sprechers.

Rollenbefangenheit

Andris Sprache

Andris Entwicklung verläuft von relativer Rollenfreiheit zur Rollengebundenheit. Entsprechend verläuft auch seine sprachliche Entwicklung.

Anfangs äußert er sich auf verschiedenen sprachlichen Ebenen:

Derbe Sprache

1. Er spricht in derber Sprache zu dem Soldaten. „Du stinkst ja nach Trester" (20), sagt er, als dieser aus der Kneipe kommt, und bezeichnet ihn als „Vieh" (23). Auf das Verhalten des Tischlers bei der Lehrlingsprobe reagiert er aufgebracht, aggressiv: „Sie sitzen auf meinem Stuhl, ich sag es Ihnen, Sie lügen, wie's Ihnen grad paßt, und zünden sich die Pfeife an." (33)

Lyrische Sprache

2. Er spricht zu Barblin in lyrisch-pathetischer Sprache, als er noch hofft, Tischler werden zu können:

> „Die Sonne scheint grün in den Bäumen heut. Heut läuten die Glocken auch für mich. […] Man möchte seinen Namen in die Luft werfen wie eine Mütze […]." (18)

In der verhinderten Liebesszene mit Barblin spricht er anfangs ähnlich poetisch – und prophetisch:

> „Ich lieb dein Haar, dein rotes Haar, dein leichtes warmes bitteres Haar, Barblin, ich werde sterben, wenn ich es verliere." (25)

Im gleichen Ton äußert er sich später auf der Schwelle vor ihrer Kammer:

> „Die Nacht ist wie Milch, du, wie blaue Milch. Bald fangen die Vögel an. Wie eine Sintflut von Milch …" (49)

Nachdenkliches Sprechen

3. Er ist aber schon bei der ersten Zusammenkunft mit Barblin so verunsichert, dass er düstere Fragen stellt: „Das ist das Böse. Alle haben es in sich, keiner will es haben, und wo soll das hin? In die Luft?" (27) Diese nachdenkliche Sprechweise setzt sich immer mehr durch, je mehr Andri in die Rolle des Juden gedrängt wird. Als er sie dann endlich angenommen hat und der Pater ihm die neue „Wahrheit" vermitteln will, beruft er sich auf die Sicherheit des Gefühls: „Hochwürden, das fühlt man" (79), nämlich ob man Jude ist. Er findet seine Identität im Schicksal des jüdischen Volkes, das er zu seinem eigenen macht. In einem Monolog, der seine Isolation zeigt, spricht er in der rhythmischen und bildhaften Sprache des Alten Testaments von diesem Schicksal, das er vorhersieht:

Sprache des Alten Testaments

> „[…] Ich erschrecke, so oft ich noch hoffe. Das Hoffen ist mir nie bekommen. Ich erschrecke, wenn ich lache, und ich kann nicht weinen. Meine Trauer erhebt mich über euch alle, und so werde ich stürzen. Meine Augen sind groß von Schwermut, mein Blut weiß alles, und ich möchte tot sein." (81)

Sprache des jüdischen Märtyrers

Andris Sprache, die anfangs offen und lebendig war, ist zur Rollensprache des jüdischen Märtyrers geworden. Er hat seinen Gesprächspartner, den Pater, vergessen und sich ganz auf sich selbst konzentriert. Der Pater muss

ihn erst durch einen Zwischenruf wieder auf sich aufmerksam machen.
Auch Barblin gegenüber kann Andri nur noch bitter und ironisch sprechen:

> „Ich küß dich, Soldatenbraut! Einer mehr oder weniger, zier dich nicht. Was ist anders mit mir? Sag's! Langweilt es dein Haar, wenn ich es küsse?" (93 f.)

Bei der Judenschau schweigt Andri völlig. Er „lächelt" nur (112), als der Lehrer ihn auffordert, sich zu seiner Herkunft zu bekennen.
Frisch verwendet im Drama das Stilmittel des Schweigens, der Sprechpause, öfter, um Kommunikationsstörungen der Personen mit ihrer Umwelt auszudrücken. So „schweigt" der Lehrer dreimal, als seine Frau ihn fragt, warum er gegen eine Heirat Andris mit Barblin sei (vgl. 45). Der Lehrer findet nicht den Mut zur Wahrheit und geht in die Pinte, wo er ebenfalls „schweigt" (47), und zwar auf die Frage des Jemand, was es Neues gebe.

Schweigen des Lehrers

Andris Schweigen

Andris zunehmende Entfremdung von seiner Umwelt wird durch sein Schweigen verdeutlicht. Er „schweigt" schon in der ersten Auseinandersetzung mit dem Soldaten, als dieser ihn fragt, ob er „vielleicht kein Jud" sei (20). Dieses Schweigen ist nicht nur Ausdruck seiner Angst, sondern auch seiner Hilflosigkeit dem schon oft gehörten Vorwurf gegenüber. Im Gespräch, das der betrunkene Lehrer nach der Verweigerung Barblins mit Andri führt, schweigt Andri dreimal (52, 55): Andris Kommunikation mit seinem Vater ist endgültig gestört, zwischen beiden stehen Lüge, Misstrauen und Enttäuschung. Sie können einander nicht mehr verstehen und reden aneinander vorbei.

Störung der Kommunikation

Andris gestörtes Verhältnis zu seinen Mitmenschen wird am deutlichsten im ersten Gespräch mit dem Pater (7. Bild), als dieser ihn zur Annahme des Bildnisses als „Jude" bewegen will: Achtmal wird Andris Schweigen erwähnt (vgl. 56–59). Er kann sich nicht mehr verteidigen, seine Umwelt will nur die von ihr selbst produzierte „Wahrheit" hören. Eine Verständigung zwischen der vorurteilsbefangenen Gruppe und dem Außenseiter ist unmöglich geworden.
Wenn Andri danach wieder spricht, so tut er dies in der Rollensprache des gesellschaftlichen Juden, bis er auch

in dieser Sprache verstummt. Dieses letzte Schweigen ist Ausdruck seiner völligen Entfremdung von allen Menschen, seiner Zurückgezogenheit auf sich selbst und seines Trotzes in der Annahme seines Schicksals als „Jude".

Andris Verstummen

Bibelanspielungen

Juden-Klischee durch Zitate aus der Bibel

Wie der Pater sagt, sehen sich die Andorraner als „frommes Land" (12). Deshalb sind ihnen auch Zitate aus der Bibel geläufig. Sie dienen einmal dazu, Andri in das Klischee des Juden zu pressen. So meint der Tischler, Andri solle „die Zedern vom Libanon" lobpreisen, aber in Andorra arbeite man „in andorranischer Eiche" (32). Als Andri sich gegen die Ungerechtigkeit bei der Lehrlingsprobe wehrt, sagt der Tischler, „hier" sei „keine Klagemauer" (34). Damit erinnert er an die freigelegte Westwand des Jerusalemer Tempelplatzes, der Stätte des Gebets und der Klage um den Untergang des Tempels, die erst seit 1967 für Juden wieder zugänglich ist.
Auf biblisches Geschehen verweist auch der Soldat. Als sich Andri mit ihm anlegt, spottet er: „Ein alter Rabbi hat ihm das Märchen erzählt von David und Goliath, jetzt möcht er uns den David spielen." (69) Im Unterschied zum Alten Testament besteht der Goliath Andorra aus der Gruppe, gegen die Andri keine Chance hat.
Andere direkte Zitate oder indirekte Anspielungen auf biblisches Geschehen verweisen auf den Zusammenhang zwischen Unrecht und Mord. Sie beziehen sich sowohl auf die Handlungs- als auch auf die Sprachebene:
Die Senora wird durch einen Steinwurf getötet, der Andri zur Last gelegt wird. Aber der Wirt ist sehr wahrscheinlich der Täter. Der Lehrer fragt ihn: „Du bist's, der den Stein geworfen hat?" (102) Vor dem Mord hatte der Wirt beteuert: „Ich wäre der erste, der einen Stein wirft." (65) Die Beziehung zum Neuen Testament wird deutlich: Als die Pharisäer eine Ehebrecherin vor Jesus führen, fordert er sie auf: „Wer unter euch ohne Sünde ist, werfe den ersten Stein auf sie." (Joh. 8,7) Durch diese Anspielung werden die Andorraner in die Nähe der selbstgerechten und verlogenen Pharisäer gerückt.
Zu den Bibelverweisen mit tieferem Sinn gehört auch das dreimalige Krähen der Hähne (vgl. 52) während ei-

Zusammenhang Unrecht – Mord

Steinwurf

Krähen der Hähne

nes Gesprächs, das der Lehrer mit Andri führt. Dadurch wird die Beziehung zur Verleugnung Jesu durch Petrus hergestellt (vgl. Matth. 26,34). Mindestens dreimal hat auch der Lehrer seinen Sohn verleugnet: seiner Frau, den Andorranern und Andri selbst gegenüber.

Auch die Senora hat Andri ihren Landsleuten gegenüber verleugnet: Andris Frage „Warum küssen Sie mich?" (75) erinnert an den Kuss, den der Verräter Judas Jesus gibt. Die Mutter spricht den Verrat direkt an, wenn sie sagt: „Du hast uns alle verraten, aber den Andri vor allem." (76) Wie Judas, so erhängt sich auch der Lehrer am Ende des Geschehens.

Judaskuss

Verrat

Zum Verräter an Andri wird auch der Pater. Andri weist ihn darauf hin: „Sie werden beten. Für mich und für sich. Ihr Gebet hilft nicht einmal Ihnen, Sie werden trotzdem ein Verräter." (81) Diese prophetischen Worte erinnern an Jesus, der auch seinen Verräter kennt und beim Abendmahl vorhersagt: „Wahrlich ich sage euch: Einer unter euch wird mich verraten." (Matth. 26,21) Jesus wird als „Sündenbock" hingerichtet, und als solcher fühlt sich auch Andri. Deshalb sagt er nach dem Einmarsch der Schwarzen über die Andorraner: „Jetzt brauchen sie nur noch einen Sündenbock." (87) Frisch spielt dabei auf das Alte Testament an (3. Mose 16,21 f.), als Moses die Kinder Israels auffordert, ihre Sünden auf einen Bock zu laden und diesen damit in die Wüste zu schicken. Die Andorraner laden ihre Fehler und Untugenden auf Andri und stoßen ihn aus, weil sie meinen, damit ihre Fehler los zu sein. Das Verhalten der Andorraner an der Schranke, ihre stereotype Beteuerung: „Ich bin nicht schuld", erinnert ebenfalls an die Bibel, und zwar an das Verhalten des Pilatus. Dieser brachte es nicht fertig, Jesus vor dem Hass der Juden zu schützen. Er „wusch die Hände vor dem Volk und sprach: Ich bin unschuldig an seinem Blut, sehet ihr zu!" (Matth. 27,24) Wie sich Pilatus aus der Verantwortung zu stehlen suchte, so versuchen es auch die Andorraner.

„Sündenbock"

Verhalten des Pilatus

Bedeutung der Anspielungen

Die Bibelparallelen und Bibelanspielungen erinnern an die Passion Christi. Sie bilden ein Verweisungsnetz von Bezügen, dienen der Herstellung einer atmosphärischen Geschlossenheit und lassen den Mord an Andri eine über den Einzelfall hinausragende Bedeutung gewinnen.

Unterschied Drama – Bibel

Aber das christliche Gedankengut insgesamt bestimmt nicht den Sinn des Dramas. Im Neuen Testament wird die Erlösung der Verräter von ihrer Schuld durch die Liebe des Geopferten zu seinen Mördern gewährt. In der säkularisierten, d.h. verweltlichten Welt von Frischs Andorra soll der Zuschauer erkennen, dass seine Schuld im „Verrat" des Mitmenschen durch das „Bildnis" besteht, das er sich von ihm macht. Der Pater verweist mit der Feststellung: „Du sollst dir kein Bildnis machen" auf das zweite Gebot und formuliert damit die zentrale Problematik des Stücks.

Bedeutung der Liebe

Frisch bezieht das Bildnisverbot auf den Menschen. Auch die Erlösung aus der Schuld muss von jedem Menschen selbst geleistet werden, nämlich dadurch, dass er dem Mitmenschen mit „Liebe begegnen" soll (62), wie Frisch den Pater erkennen lässt. Denn, so sagt Frisch in seinem *Tagebuch*: „Die Liebe befreit [...] aus jeglichem Bildnis." (Tgb., 26)

Symbole und Vorausdeutungen

Die Bibelanspielungen lassen erkennen, dass Frisch das Problem des Schuldigwerdens nicht nur auf der Handlungsebene, sondern auch auf der Ebene der Bedeutungen vorführt. Er verstärkt das Netz von Andeutungen und Verweisungen, das in allgemein menschliche und sogar religiöse Zusammenhänge hineinweist, noch durch die Verwendung von Symbolen, die dem Zuschauer oder Leser das Schuldigwerden der Personen sinnlich vor Augen führen.

Begriffsbestimmung Symbol

Unter einem Symbol versteht man einen sinnlich gegebenen Gegenstand, einen Vorgang oder eine Situation, die über sich selbst hinaus auf einen höheren, abstrakten, ideellen Bereich verweisen. Symbole erlangen dabei erst in einem bestimmten Kontext und Sinnzusammenhang ihre Bedeutung. Diese Bedeutung kann nicht immer eindeutig sein, weil sie abhängig ist vom Erfahrungs- und Wissenshorizont des Lesers bzw. Zuschauers und von seinem Assoziationsvermögen.

Ausgangssituation: Symbole, Vorausdeutungen

Schon die Ausgangssituation des Dramas enthält eine Fülle von Symbolen, die zum Teil vorausdeutenden Charakter für den Zuschauer haben. Die „Jungfrau" Barblin weißelt zum Sanktgeorgstag das Haus ihres Vaters: Das unberührte, reine Mädchen will den Schmutz des väterlichen Hauses, die Lüge des Lehrers, wie der Zuschauer allmählich erkennt, zudecken. Die Bemerkungen des Paters rücken den Vorgang des Weißelns deutlich in den Bereich des Kultischen: Er will ein „schneeweißes Andorra" haben (11), ein Andorra, dessen „Schmutz" – später stellt sich heraus: dessen Schuld – nicht gesehen, sondern übertüncht, d. h. versteckt, verdrängt werden soll. Durch ihr weißes Andorra wollen sich die Andorraner von den Schwarzen absetzen, deren Überfall sie befürchten.

Farben und Naturerscheinungen

Auch die Bemerkungen des Soldaten verleihen den Naturerscheinungen und Farben symbolische Bedeutung. Hämisch warnt er vor einem „Platzregen", der „über Nacht" (ebd.) kommen könne. Dieses Motiv wird später zum „Gewitter" gesteigert (14). Der Soldat weiß auch, dass die Kirche nicht so „weiß" ist, wie sie tut, d. h. nicht so schuldlos ist, wie sie zu sein vorgibt: „Sie ist auch nur aus Erde gemacht, und die Erde ist rot." (11) Er bezieht sich auf das Kirchengebäude, aber der Zuschauer erkennt, dass von Frisch die Institution Kirche gemeint ist, die der Pater verkörpert. Sie verhält sich irdisch, menschlich fehlbar, gerät in Schuld und sucht sie zu verbergen. Diese Schuld bricht aber bei der nächsten Katastrophe, dem Überfall der Schwarzen, wieder auf und verstärkt sich zur Blutschuld.

Schlachten einer „Sau"

In der Stunde der Gefahr verhält sich die Kirche wie die weltliche Gesellschaft: unmenschlich und feige. Sie opfert Andri als „Anderen". Dies wird symbolisch verdeutlicht und vorweggenommen durch das Bild vom Schlachten einer „Sau" (ebd.). Das naiv-gläubige Weißwaschen ist, so wird schon in der Anfangsszene deutlich, nur Selbsttäuschung und deshalb vergeblich. Schuld wird nicht aufgearbeitet, sondern verhüllt und verdrängt.

Schlusssituation: Unterschiede zum Anfang

Die Schlusssituation (12. Bild) entspricht in ihrer Anlage einerseits der Anfangssituation, andererseits unterscheidet sie sich inhaltlich wesentlich von ihr. Jetzt weißelt nicht mehr die naive „Jungfrau", sondern die wahnsinnig gewordene „Judenhure Barblin", wie sie sich selbst nennt (vgl. 114) und damit wohl eine unter den Andorranern übliche Bezeichnung aufgreift. Die Ereignisse, die sie nicht beeinflussen konnte, haben ihren Geist zerstört. Der Ausdruck „Judenhure" macht dem Zuschauer deutlich, dass die Andorraner noch immer dem Vorurteil verfallen sind. Sie nehmen weder zur Kenntnis, dass Andri kein „Jude" war, noch dass Barblin keine „Hure" ist.

Symbolik des Weißelns

Barblin weißelt nicht mehr das Haus, sondern „das Pflaster des Platzes" von Andorra (113) und sieht ihr Weißeln als symbolisches Tun. In einer Mischung von Hellsichtigkeit und Verwirrtheit will sie die Ermordung Andris ungeschehen machen, die Untat zudecken und die Mörder verhüllen: „Ich weißle, ich weißle, auf daß wir ein weißes Andorra haben, ihr Mörder, ein schneeweißes Andorra, ich weißle euch alle – alle." (114)

Blutsymbolik

Sie sieht „Blut überall" (ebd.), in Andorra und bei den Andorranern. Der Mord an Andri und die Schuld aller Andorraner daran lassen sich aber nicht vertuschen, nicht vom Pflaster einfach abwaschen – genauso wenig, wie sich anfangs die Lüge des Lehrers übertünchen ließ. Barblin greift das Bild von der geschlachteten Sau wieder auf, wenn sie den Pater fragt: „Wo, Pater Benedikt, bist du gewesen, als sie unsern Bruder geholt haben wie Schlachtvieh, wo?" (116) Die Erde, aus der auch die Kirche besteht, ist wirklich rot, zu Blut geworden nach dem „Gewitter", dem Überfall der Schwarzen. Durch die Leitsymbolik „Schwarz" und „Weiß" wird zunächst den Andorranern Unschuld, den Schwarzen, die Juden umbringen, Schuld zugesprochen, und zwar von den Andorranern selbst. Sie reden sich ein, sie seien anders als die verbrecherischen Schwarzen, die an der Grenze lauern und „neidisch sind auf unsre weißen Häuser" (11). Doch bei der Judenschau verhüllen die Andorraner ihre Gesichter hinter schwarzen Tüchern. Die schwarze Farbe bezeichnet das Böse, das sich im Menschen aus unscheinbaren Anfängen heraus entwickelt und sich schließlich in den Personen verkörpert. Die Tücher sind Symbol sowohl für die Schuld der Andorraner – sie sind schwarz wie die Schwarzen – als auch für ihre Versuche, die Wahrheit zu verdecken und die Schuld zu verdrängen.

Schwarz und Weiß

Verdrängung von Schuld

Die schuldigen Andorraner tauchen in die Anonymität und entziehen sich damit jeder Verantwortung. Aber sie unterscheiden sich auch innerlich nicht mehr von den schwarzen Henkern, sondern identifizieren sich

Identifikation

mit ihnen: Die schwarz verhüllten Gesichter der Andorraner sind die Gesichter der schwarzen Henker, und auch der Pater gehört dazu: „Schwarz bist du geworden, Pater Benedikt …“ (116), meint die wahnsinnige Barblin am Schluss hellsichtig zum Pater, der schon am Anfang vom Soldaten spöttisch als „Kohlensack“ (10) bezeichnet wird.

Gewalt

Die Schwarzen sind stumm, d. h. sie sind keine eigenständigen Bühnenfiguren. Sie stehen einmal symbolisch für die anonyme Gewalt, für Unterdrückung und Vernichtung. Sie können aber auch als Projektionen gesehen werden, d. h. sie verkörpern die in den Andorranern herrschende Tyrannei der Vorurteile, die schließlich in Gewalt und Mord umschlagen.

Der Pfahl

Ein in den religiösen Bereich verweisendes Symbol ist der Pfahl, von dem verschiedentlich die Rede ist. Er ist allerdings nicht als realer Gegenstand zu sehen. Hilfreich sind deshalb Bemerkungen Frischs zu den Proben der Zürcher Uraufführung. Er wollte den Pfahl zuerst real auf die Bühne bringen, ließ es dann aber auf Anraten des Regisseurs sein: „Gerade dadurch, daß wir den Pfahl nicht mehr mit Augen sehen, sondern nur noch die Worte des bestürzten Lehrers, wird der Pfahl wieder das, was er sein sollte, Symbol.“ („Notizen von den Proben der Zürcher Aufführung“, in: *Spectaculum* 5, Frankfurt a. M.: Suhrkamp, 1963, S. 280)

Vorausdeutung auf Andris Schicksal

Der Zuschauer erfährt schon sehr früh von einem Pfahl. Barblin fragt den Pater, ob es stimme, dass die Schwarzen die Juden an einem „Pfahl“ hinrichteten (13). Dies ist eine Vorausdeutung und eine Vorwegnahme von Andris Schicksal, was der Zuschauer aber zu diesem Zeitpunkt noch nicht wissen kann. Er wird erst aufmerksam, wenn der Lehrer im Gespräch mit Tischler und Wirt wiederholt auf einen „Pfahl“ hinweist (vgl. 14, 16). Aber es kann sich um Halluzinationen des betrunkenen Lehrers handeln, denn die Andorraner sehen nichts, und der Zuschauer sieht auch nichts. Realität für ihn wird der Pfahl erst in der Frage des Wirtes an der Zeugenschranke: „Hab ich ihn vielleicht an den Pfahl gebracht?“ (24) Für den Wirt ist es eine rhetorische Frage, die die Verneinung in sich trägt. Der Pater gibt allerdings im Vordergrund zu: „Auch ich habe ihn an den Pfahl gebracht.“ (62)

Im Hinblick auf die Andorraner und die Schwarzen ist der Pfahl Ausdruck ihrer Schuld und Symbol für Gewalt und Menschenverachtung. Für Andri bedeutet er Leid und Tod. Er ist für ihn auch Symbol für die Jahrtausende lange Verfolgung und Vernichtung der Juden, mit denen er sich identifiziert: „Ich weiß, wer meine Vorfahren sind. Tausende und Hunderttausende sind gestorben am Pfahl, ihr Schicksal ist mein Schicksal." (88) Andri sieht sich schon als zukünftiges Opfer, und in diesem Zusammenhang erinnert der Pfahl an das Kreuz, an das Christus geschlagen wurde. „Andri an den Pfahl bringen" assoziiert „an das Kreuz bringen", ihn also für die Andorraner opfern.

Schuld, Gewalt, Menschenverachtung

Leid und Verfolgung

Opferung

Entstehung und Rezeption

Entstehung und Rezeption	
	→ Seinen Einfall von 1946 veröffentlicht Frisch als Prosaskizze in seinem Tagebuch 1946–49. Er beginnt 1958 mit der Dramatisierung des Stoffes und stellt sein Stück 1961 fertig. Im gleichen Jahr wird es in Zürich uraufgeführt. Für die deutsche Erstaufführung 1962 verändert er sein Stück in einigen Punkten. → Hintergrund des Stückes ist die Zeit des Wirtschaftswunders und die Verdrängung der Nazivergangenheit in Deutschland. Frisch will am Modell aufzeigen, dass die Auseinandersetzung mit der Vergangenheit noch geleistet werden muss. → Er sieht den Antisemitismus als Beispiel für die Diskriminierung von Gruppen und Menschen. → Frischs Aussagen über seine Intention wechseln, aber er unterstützt den Hinweis, das Stück führe modellhaft die unbewältigte deutsche Vergangenheit vor. Als andere Bezugsmöglichkeit verweist er auf die Schweiz. → *Andorra* ist Frischs erfolgreichstes Stück. Einige Kritiker betonen die Vorurteilsproblematik, die meisten sehen das Stück jedoch als historisches Modell für das Deutschland der Nazizeit und die Judenverfolgung. → In Israel sieht man das Stück in erster Linie als Anklage gegen die Verfolger und Mörder der Juden. → Schwerpunkte literaturwissenschaftlicher Interpretationen sind die für Frisch typische Bildnis- oder Identitätsthematik, die gesellschaftliche Problematik und die Verbindung beider Bereiche. So wird das Stück als sozialpsychologisches Modell gesehen, weil Frisch den Vorurteils-Mechanismus am Beispiel des Antisemitismus behandele. → In neueren Interpretationen werden der aktuelle Bezug des Stückes, die Gegenwart des Zuschauers und die Bildnisproblematik in den Mittelpunkt gestellt.

Die Entstehungssituation

Frisch erinnert sich, wann und wo ihm die Fabel zu *Andorra* einfiel: in Zürich, „1946 im Café de la Terrasse, vormittags." (Zit. nach: Hermes, S. 6) Er notiert die „erste Grundskizze" auf „eine Zigarettenschachtel" (zit. nach: W/S, 26), arbeitet sie aus und veröffentlicht sie als Prosaskizze mit dem Titel „Der andorranische Jude" in seinem *Tagebuch 1946–49*.

Einfall

Erst zwölf Jahre später, 1958, beginnt Frisch mit der Dramatisierung des Stoffes, und zwar während eines zweiwöchigen Aufenthaltes auf Ibiza, woran die weißen, kahlen Kulissen erinnern. Er erkennt die Bedeutsamkeit des Stoffes:

Dramatisierung des Stoffes

> „Erst nach Jahren, nachdem ich die erwähnte Tagebuchskizze mehrere Male vorgelesen hatte, entdeckte ich, daß das ein großer Stoff ist, so groß, daß er mir Angst machte, Lust und Angst zugleich – vor allem aber, nachdem ich mich inzwischen aus meinen bisherigen Versuchen kennengelernt hatte, sah ich, daß dieser Stoff mein Stoff ist." (Horst Bienek, *Werkstattgespräche mit Schriftstellern*, München: Deutscher Taschenbuch Verlag, 1965, S. 32)

Das Drama sollte ursprünglich in der Spielzeit 1958/59 zur Zwanzig-Jahr-Feier des Zürcher Schauspielhauses aufgeführt werden. Die erste Fassung „Zeit für Andorra" wurde aber erst im Frühjahr 1959 abgeschlossen. Frisch hatte das Manuskript liegen lassen und an seinem Roman *Mein Name sei Gantenbein* geschrieben. Insgesamt entstanden fünf Vorfassungen, von denen keine erhalten ist. Erst im Dezember 1960 schickte Frisch eine Fassung mit dem Arbeitstitel „Modell Andorra" an den Suhrkamp-Verlag. Im Januar 1961 wurde das Drama dann fertiggestellt und erhielt den endgültigen Titel.

Fertigstellung des Dramas

Während der Proben für die Uraufführung, die am 2. November 1961 in Zürich stattfand, wurde der Text unter Mitarbeit des Regisseurs Kurt Hirschfeld und der Schauspieler von Frisch geändert, vor allem wurden mehrere Szenen der Senora gestrichen. Frisch überarbeitete den Text dann nochmals im November und Dezember 1961 unter dem Eindruck der Uraufführung für die Buchausgabe und für die deutsche Erstaufführung am 20. Januar 1962 in Frankfurt. Diese Veränderungen betreffen

Änderungen

- Andris Rolle: Sie wird ausgebaut, so dass seine Auflehnung gegen sein Schicksal wirkungsvoller wird.
- Barblin: Sie wird ungeduldiger und schroffer gezeigt.
- Die Andorraner: Erweiterungen entlarven deutlicher ihren bösartigen Antisemitismus.

Die Zürcher Fassung ist insgesamt knapper, holzschnittartiger als die Buchfassung.

Situation zur Zeit der Entstehung

Frischs Arbeit am Stoff *Andorra* und die Aufführung des Dramas fallen in die Ära Adenauer und Erhard, in die Zeit des Wiederaufbaus und des Wirtschaftswunders. In dieser Zeit beschäftigten sich die Deutschen in erster Linie mit dem Neuaufbau ihrer Existenz und verdrängten weitgehend die Frage nach den Ursachen der Naziverbrechen und der möglichen eigenen Mitschuld. Man wollte nicht an die unvorstellbaren Verbrechen während des Dritten Reiches und das eigene Verhalten in dieser Zeit denken, „vergaß", fand weitgehende Erklärungen für die damaligen Verhaltensweisen und hatte Verständnis für diejenigen Politiker, hohen Beamten, Wissenschaftler, Ärzte und Juristen, die in der Nazizeit eine Rolle gespielt hatten und dies nach dem Krieg wieder tun konnten. Prozesse gegen die ehemaligen Naziverbrecher lehnte man ab.

„Bewältigungsliteratur"

Die Literatur zeigte eine größere Bereitschaft, sich der Vergangenheit zu stellen. In den späten 50er-Jahren entstand eine Reihe vorwiegend dramatischer Werke, die politisch ausgerichtet waren und als "Bewältigungsliteratur" bezeichnet werden können.

„Modell" als Neuansatz

Frischs *Andorra* stellt innerhalb dieser literarischen Texte etwas Neues dar: Der Verfasser legt sein Werk bewusst als „Modell" an, d. h. er will am Beispiel das Allgemeine aufzeigen, und zwar den schuldhaften Zusammenhang von Vorurteil und Gewalt, der in der Vergangenheit sichtbar geworden war, den man aber in der Gegenwart verdrängt. Frisch führt vor, dass die Bewältigung der Vergangenheit nicht geleistet ist, sondern dass die Auseinandersetzung mit ihr noch geleistet werden muss, damit es nicht zu einer Wiederholung des Geschehens kommt.

Frisch über sein Drama

Modellcharakter

Frisch hat sich über *Andorra* häufiger und ausführlicher geäußert als über eines seiner anderen Werke. Aus den Bemerkungen zu den Proben, aus Interviews und Briefen lassen sich seine Intentionen erkennen.
Es geht ihm hauptsächlich darum, sein Stück als „Modell" verstanden zu wissen: „Meine Stücke sind keine Zeitstücke im landläufigen Sinn. Es sind immer wiederkehrende Muster, tragische Muster. […] Für ein aktuelles Stück braucht man Distanz. Mich interessiert der Beginn einer Katastrophe. Wann ist der Punkt des Neinsagens? Wenn man die Katastrophe erkennt, ist es meist zu spät." (Gespräch mit Eberhard von Wiese, in: *Hamburger Abendblatt*, 25. 1. 1961)

Antisemitismus als Beispiel

Der Einzelfall soll das Allgemeine deutlich machen: „Eigentlich handelt das Stück gar nicht vom Antisemitismus. Der Antisemitismus ist nur ein Beispiel." (Gespräch mit Curt Riess, „Mitschuldige sind überall", in: *Die Zeit*, 3. 11. 1961) Frisch äußert sich auch zur nahe liegenden Frage, warum er gerade dieses Beispiel wählt:

> „Warum ich den ‚Jud' zum Beispiel nahm? Sein Schicksal liegt uns doch am nächsten, macht die Schuldsituation am deutlichsten. Außerdem ist es wirklich an der Zeit, den Stier bei den Hörnern zu packen und das Wort ‚Jude' zu entschärfen. Morgen kann es ein anderer sein, der als andersartig angeprangert wird." (Gespräch mit Eberhard von Wiese, in: *Hamburger Abendblatt*, 25. 1. 1961)

Gewaltthematik

Frisch äußert sich auch zum Thema Gewalt:

> „Vielleicht zum Thema Gewalt – Macht ist typisch das […] Beispiel […] von ‚Andorra', von der feigen, kollektiven Gewalttätigkeit. Wir wissen alle, daß wir gewalttätiger, grausamer sein können in einem Kollektiv, insbesondere in einem uniformierten, aber auch in einem nicht uniformierten." (Werner Koch, „Selbstanzeige. Max Frisch im Gespräch", Westdeutsches Fernsehen, 15. 10. 1970; zit. nach: W/S, 55)

Bezug zur deutschen Vergangenheit

Aber Frischs Äußerungen über seine Intention wechseln, zumal der Antisemitismus-Stoff, verbunden mit Begriffen und Sachverhalten, die auf das Dritte Reich verweisen, eine gewisse Eigendynamik entwickelt und die Meinungen von Kritikern und Interpreten, das Stück führe modellhaft die unbewältigte deutsche Vergangenheit vor, unterstützt.

Schweiz als Bezugsmöglichkeit

Andererseits versucht Frisch, eine eindeutige Festlegung zu vermeiden und die Offenheit des Modells zu retten. Deshalb verweist er auf die Schweiz als andere Bezugsmöglichkeit, aber auch auf das Problem des Außenseiters in einer Gruppe:

Außenseiterproblem

> „Auch wenn das in Schulen gelesen wird, ohne daß man sich allzuviel davon verspricht, glaube ich doch, daß einigen Schülern etwas aufgeht, nicht nur im Zusammenhang mit der düsteren Seite der deutschen Geschichte in diesem Jahrhundert; die Schüler verstehen das auch an anderen Modellen: In der Klasse ist einer der outcast, der Jude, der Sündenbock – dieser Mechanismus spielt immer." (Arnold, 1990, S. 244)

Distanz zum Stück

Später (1976) bekennt sich jedoch Frisch zum historischen Eigengewicht der Antisemitismus-Thematik und bejaht die Frage, ob *Andorra* nicht in erster Linie ein Zeitstück sei. Schon Ende der 60er-Jahre hat Frisch zu seinem Stück Abstand gewonnen: „Ich bin froh, daß ich […] Andorra geschrieben habe, ich bin froh, das es sehr viel aufgeführt worden ist – ich habe nicht allzu viele Aufführungen gesehen. Es ist nicht so, daß ich es mir jetzt noch sehr gerne anschauen würde; es ist mir zu durchsichtig […]. Es ist mir nicht geheimnisvoll genug, für mich selber." (Ebd.)

Theaterkritiken

Theatererfolg

Andorra ist Frischs erfolgreichstes Stück, nicht nur in Bezug auf seine Aufführungen und Verkaufszahlen als Buch, sondern auch in Bezug auf eine Vielfalt von Kritiken und Interpretationen. Die sich oft widersprechenden Deutungen sind nicht nur in der unterschiedlichen Literaturauffassung der Interpreten, sondern auch in den formalen und inhaltlichen Besonderheiten des Textes begründet.

Uraufführung

Die Uraufführung des Dramas findet am 2. November 1961 im Zürcher Schauspielhaus statt und wird wegen des großen Andrangs am 3. und 4. November wiederholt. Sie ist „ein Ereignis des deutschen Theaterlebens", wie

Siegfried Melchinger schreibt. Für diesen bedeutenden Theaterkritiker ist *Andorra* in „deutscher Sprache das wichtigste [Stück] seit Jahren" (zit. nach: W/S, 65).
Schon im Programmheft zur Uraufführung wird von Hans Magnus Enzensberger der Modellcharakter des Stücks betont:

Betonung des Modellcharakters

> „‚Andorra' ist kein historisches Drama, und es ist erst recht keine Aktualität in jenem Sinn, der die bekannten kurzen Beine hat. Die *‚Schwarzen'* sind nicht die SS, der Judenschauer ist nicht Eichmann, und nicht einmal der Jude ist ein Jude. Das Stück ist ein Modell: will sagen, nicht die Darstellung dessen, was war, sondern dessen, was jederzeit und überall möglich ist. *‚Nehmt euch ein Beispiel an Andorra!'* – und: *‚Was Jud ist, bestimmen wir!'* Heut oder morgen kann der ‚Jud' Kommunist heißen, oder Kapitalist, oder Gelber, Weißer, Schwarzer, je nachdem." (H. M. Enzensberger, „Über *Andorra*", in: Schau, 1971, S. 274 f.)

Eine Gegenposition zu dieser überaus positiven Stellungnahme nimmt der Kritiker Friedrich Torberg ein. Er kritisiert den von Enzensberger gelobten Beispielcharakter des Stücks:

Kritik an der „Austauschbarkeit"

> „Liegt's an der Oberfläche oder liegt es tiefer, daß alles, was an diesem Stück nicht stimmt, sich auf den Nenner der Austauschbarkeit bringen ließe? Angefangen von ‚Andorra' bis zum zentralen Punkt und Problem, bis zum vermeintlichen Juden Andri, den Frisch ja gar nicht als Juden, sondern – ebenso wie Andorra – als ‚Modell' verstanden wissen will? […] Hier […] wurzelt das fundamentale Mißverständnis des Stücks. Jude, Jude-Sein, Judentum mögen als Begriff oder Tatbestände der Eindeutigkeit entraten. Man kann vielleicht nicht genau sagen, was sie sind. Aber man kann ganz genau sagen, was sie *nicht* sind: Sie sind keine Modelle, sie sind keine austauschbaren Objekte beliebiger (und ihrerseits austauschbarer) Vorurteile, wie ja auch der Antisemitismus kein beliebiges (und seinerseits austauschbares) Vorurteil ist. […]" (Friedrich Torberg, „Ein furchtbares Mißverständnis. Notizen zur Zürcher Uraufführung des Schauspiels *Andorra* von Max Frisch", in: *Forum* 8, 1961, Heft 12, S. 455)

Die deutschen Kritiker der Uraufführung äußern sich überwiegend begeistert über das Stück. Sie entwickeln, offensichtlich aus dem Gefühl der Betroffenheit heraus, andere Gesichtspunkte und sehen das historische Modell für *Andorra* im Nazi-Deutschland.

Die deutsche Erstaufführung findet gleichzeitig am 20. 1. 1962 in München, Düsseldorf und Frankfurt statt. Daraufhin folgen Aufführungen auf den meisten deutschen Bühnen, in Österreich, Ost-Berlin, New York sowie in den folgenden Jahren in England, Frankreich und sogar in Israel.

Schwerpunkt: Vorurteils-problematik

Der Theaterkritiker Günther Rühle sieht bei der Frankfurter Aufführung den Schwerpunkt auf die Vorurteilsproblematik gelegt:

> „Man erlebte eine szenische Analyse der Vorurteile, Ängste und Ausflüchte. Vorurteil als ein System der Übertragung eigener Mängel auf andere. Ein Zerstörungsprozeß, in dem das Schöne zugrunde geht, das den wunderbarsten Namen trägt: Mensch. […] Daß [Andri] in seine Wahrheit eintritt und sie auf sich nimmt, das erhebt ihn über die Andorraner. Sein Untergang ist eine doppelte Klage: gegen die Verleumder, die das Schöne fällen, weil sie es nicht sehen. Eine dichterische Klage auch: daß die Wahrheit, in die Andri geht, keine ist und doch Würde hat. Frischs Einsicht in den Rollencharakter des Lebens offenbart da ihren tiefsten Pessimismus. Tragischer Pessimismus und Pessimismus des Moralisten, der mit uns (uns!) Andorranern ins Gericht geht. […] [Der Regisseur] zeichnet auf den Gesichtern der Andorraner, was dem Andri als Judenmerkmal vorgeworfen wird: Geldgier, Krämergeist, Feigheit, Angst." (Günther Rühle, in: *Frankfurter Allgemeine Zeitung*, 22. 1. 1962)

Nazi-Deutschland als Modell

Auch jetzt sehen die meisten Kritiker das historische Modell für *Andorra* im Deutschland der Nazizeit, selbst wenn mit dem Land Andorra die Schweiz gemeint wäre. Hanns Braun schreibt:

> „Uns hilft es nicht, daß wir nicht die Andorraner der Modellhandlung sind, denn wir sind ganz gewiß ‚die Schwarzen', die dort den in Lieblosigkeit und Vorurteilen angebahnten Judenmord organisatorisch-perfekt ausführen. Daß keine SS-Uniformen modellgetreu vorgestellt werden, ist eine poetische Scham, die jedenfalls unsere Blößen nur kümmerlich bedeckt; und Andorraner haben wir noch obendrein." (Zit. nach: F/S, 78)

Umstellungen in der Stuttgarter Aufführung 1962

Eine bemerkenswerte Aufführung findet 1962 unter der Regie von Peter Palitzsch in Stuttgart statt. Die Besonderheit dieser Aufführung liegt darin, daß der Regisseur Umstellungen und Veränderungen am Text vornimmt. Die Aussagen an der Schranke erfolgen vor der entsprechenden Szene, nicht nachher; der Lehrer spricht am Ende vor der Schranke „schuldig"; die Anfangsszene wird zum zweiten Bild; die Schluss-Szene fällt weg. Der Kritiker Rolf Michaelis bewertet diese Veränderungen positiv: Die Umstellung lasse „Illusionstheater gar nicht erst aufkommen", das Stück gewinne eine „neue, härtere Struktur", der Regisseur lasse „den besonderen menschlichen Fall mit strenger Genauigkeit und in allen Details spielen" und stelle auf diese Weise das Stück wieder in die Nähe der Prosaskizze aus dem Tagebuch. Damit habe er ‚Andorra' als „Lehrstück von der Schuld des Menschen" inszeniert und den Modellcharakter des Stücks deutlich hervorgehoben (zit. nach: Hermes, S. 17 ff.).

DDR-Aufführung 1963

Die DDR-Erstaufführung findet 1963 am Volkstheater Rostock statt. Aufführung und Kritik von Fritz Rödel lassen den andern gesellschaftlichen Hintergrund erkennen, der die Rezeption bedingt:

> „Das Stück, vom Autor selbst als Modell bezeichnet, das nichts mit dem wirklichen Kleinstaat Andorra zu tun hat, führt vor, daß Chauvinismus und Rassenhaß unabhängig von Nationalität und Staatsform der modernen bürgerlichen Gesellschaft innewohnen. Die Bezüge auf den Adenauerstaat und seine ‚unbewältigte' Vergangenheit sind jedoch nicht zu übersehen." (Fritz Rödel, *Berliner Zeitung*, 14. 2. 1963)

In Israel findet 1962 eine Aufführung des Stückes statt. Hier ist der Erfahrungshintergrund auf tragische Weise anders als in den anderen Ländern. Die Akzente sind verschoben, wie die Kritik feststellt: Im Zuschauerraum säßen die Ankläger und nicht die Angeklagten. Man stört sich etwas daran, dass Frisch vorführen will, dass die Juden – Andri – gar nicht anders sind, sondern – von den Andorranern – zum Anderssein gezwungen werden, und sieht durchaus positive, speziell jüdische Eigenschaften. Die israelischen Zuschauer sehen weniger den Modellcharakter des Stückes: Aus ihrer leidvollen Erfahrung heraus können für sie nur die Juden gemeint sein und nicht jede Minoriät. Deshalb sieht man im Stück in erster Linie eine Anklage gegen die Mörder und Verfolger der Juden und bewertet es trotz einiger kleiner Einwände durchaus positiv.

Positive Aufnahme in Israel

Interpretationsansätze

Während seit den 90er-Jahren die wissenschaftliche Auseinandersetzung mit Frischs *Andorra* deutlich zurückgeht, beschäftigen sich Theaterkritik und Literaturwissenschaft ausführlich mit dem Stück. In dieser Zeit werden ähnliche Schwerpunkte gesetzt wie in der fachwissenschaftlichen Sekundärliteratur.
Einige Interpreten sehen die Bildnisthematik als das wesentliche Thema des Dramas an und verbinden sie mit seinem Modellcharakter, andere stellen die gesellschaftlich-politische Problematik und das Problem der Vergangenheitsbewältigung in den Vordergrund. In den letzten Jahren wird besonders auf den Zusammenhang der Problemkreise sowie auf den Gegenwartscharakter des Stücks hingewiesen.

Schwerpunkt: Bildnisthematik

Hans Jürg Lüthi sieht als Kern des Dramas die Bildnisthematik an:

> „In ‚Andorra' erfährt Frischs Bildnistheorie ihre konsequente dramatische Ausgestaltung. Andri ist der Mensch, der durch ein festgefügtes Bildnis, das seinem intelligiblen Wesen keineswegs entspricht, verdammt und zerstört wird. Der namenlos Glückliche des ersten Bildes wird zum an sich selbst zweifelnden Menschen, zum Hasser, der an der Verlogenheit einer gnadenlosen Welt zweifelt. […] Aber seine einsame Größe beweist sich trotzdem: er nimmt das Schicksal des Ausgestoßenen und Verfemten tapfer auf sich und geht den Weg des Leidenden bis zu seinem Ende, das ihn noch um seinen eigenen, den wirklichen Tod betrügt." (Lüthi, 1981, S. 46 f.)

Schwerpunkt: Gesellschaftliche Problematik

In einem Beitrag aus dem Jahr der deutschen Erstaufführung (1962) sieht Helmuth Krapp im Stück zwar Frischs Grundproblem gestaltet, setzt aber den Schwerpunkt seiner Deutung auf die gesellschaftliche Problematik:

> „Frischs Grunderfahrung ist der Widerspruch zwischen der möglichen wahren und der tatsächlich gelebten Existenz des Menschen, die Geschichte von Andri und vom antisemitischen Andorra die politische und tragische Metapher dafür. […]
> Zwar kann man sich an Stelle Andris, des Juden, einen Neger denken, einen Kommunisten, jeden, den eine herrschende Gesellschaft zum Opfer ihres Vorurteils bestimmt – der Jude bleibt das gültigste Beispiel, weil der Antisemitismus ein

> geradezu archaisches Vorbild mit katastrophalen Folgen ist, wirklichkeitsträchtig und besudelt wie kein zweites. Hyperbolisch ausgedrückt: jedes Vorurteil, mit dem wir unserm Nächsten verwehren, er selbst zu sein, ist nur eine verdeckte Form des Antisemitismus." (Helmut Krapp, „Das Gleichnis vom verfälschten Leben", in: Walter Schmitz, *Über Max Frisch II*, Frankfurt a. M.: Suhrkamp, 1976, S. 98–103; zit. nach: W/S, 99 f.)

Kritik an der Verbindung der Problembereiche

Manfred Durzak beschäftigt sich kritisch mit Frischs Drama. Ihn stört die Verbindung der Identitäts- mit der Antisemitismusproblematik:

> „Das Problem der Selbstverwirklichung des einzelnen, des Sichbewußtwerdens der eigenen Identität wird also offensichtlich auch in der Figur des Andri variiert, der von der Umwelt in eine Rolle hineingezwungen wird, die zufällig mit der des von der Gesellschaft diskriminierten Juden identisch ist. […].
> [Der Antisemitismus] erscheint, vom Thema der Identitätssuche her gesehen, als eine der vielen Rollen, die die Gesellschaft für den einzelnen bereithält, in die sie ihn drängt, auch wenn das Rollenspiel in diesem Einzelfall mit politischer Bedeutung gekoppelt ist. […].
> Die historische Dimension, die mit dem Phänomen Antisemitismus und Judenverfolgung verbunden ist, und die individuell-künstlerische Dimension, die das Thema der Identitätssuche in Frischs Werk hat, widersprechen einander. Die historische Faktizität und die künstlerische Thematik sind inkongruent." (Durzak, 1972, S. 224 f.)

Gegen diese Kritik nimmt Peter Pütz Frisch in Schutz und stellt die Frage,

Verknüpfung der Problembereiche

> „inwiefern thematische Ausweitungen und Verknüpfungen zwar verschiedener, sich gegenseitig aber doch erhellender Problembereiche unzulässig sind, ob sie die moralische Ernsthaftigkeit gefährden oder gar den ästhetischen Sinn beleidigen, der doch gerade vom Reichtum bedeutsamer Beziehungen und Zusammenhänge angezogen wird." (Pütz, 1975, in: W/S, 123)

Pütz versucht deshalb die verschiedenen Problembereiche miteinander zu verknüpfen:

> „So sehr sich das Drama versteht als Darstellung gesellschaftlichen Rollenzwangs, versinnbildlicht am Modell ‚Andorra', demonstriert am historischen Beispiel des Antisemitismus,

> kritisch bezogen auf eine fehlende oder verfehlte Auseinandersetzung der Nachkriegsdeutschen mit ihrer Vergangenheit, so sehr werden die hier in Verbindung gebrachten Probleme zu einem universalen Befund ausgeweitet." (Ebd., S. 131)

Sozialpsychologisches Modell

Auch Wolfgang Frühwald und Walter Schmitz betonen den Modellcharakter des Stücks. Sie sehen *Andorra* als „sozialpsychologisches Modell", weil Frisch die Erkenntnisse der Sozialpsychologie verwertet, soweit er „den Mechanismus des Vorurteils am Beispiel des Antisemitismus'" behandelt (F/S, 43). Die Autoren sehen, und das ist ein Aspekt, der an den Ansatz von Peter Pütz erinnert, die Kernproblematik des Stücks in der „Interdependenzthematik", d.h. in der Wechselwirkung der „Bildnisse":

> „Das Bildnis des Juden, das Andri nun zu seinem Schicksal macht, ist sein Eingriff in das Leben des Vaters und der Andorraner, vor allem aber auch in das Leben Barblins. Andri zwingt die Mörder in die Ausweglosigkeit ihrer Schuld, Barblin bleibt allein der Wahnsinn, dem Lehrer der Selbstmord. Vielleicht hätten die Andorraner die ‚Wahrheit' nicht akzeptiert, daß Andri ihnen die Möglichkeit der Wahl entzieht, ist die paradoxe Schuld des Verratenen an der Schuld der Verräter, ist der tragische Konflikt in der Tragödie *Andorra*." (F/S, 71 f.)

In neuerer Zeit wird der aktuelle Bezug des Stückes stärker in den Mittelpunkt gestellt. Müller-Salget lehnt die ausschließliche Hinwendung zur Vergangenheit ab und betont den Stellenwert der Vordergrundszenen:

> „Es geht […] in *Andorra* gar nicht um das ‚Dritte Reich' und den Holocaust, nicht um Vergangenheit und ‚Vergangenheitsbewältigung', sondern um die jeweilige Gegenwart des Zuschauers." (Müller-Salget, 1996, S. 99)
>
> „Wesentlich für das Verständnis des Stücks ist die Interpretation der Vordergrund-Szenen […]. Die irrige Auffassung dieser Szenen als Rahmen, von dem her die Haupthandlung in der Retrospektive betrachtet werde, leistet der Fehldeutung des ganzen Stücks Vorschub, das dann in der Tat auf den Nenner ‚verfehlte Vergangenheitsbewältigung' zu bringen wäre. […] Die Haupthandlung ist nicht als vergangen, sondern als gegenwärtig zu denken; die Zeugen-Aussagen stellen Projektionen in eine vorgestellte *Zukunft* dar: So *werden* die Mittäter eines Tages reagieren, weil Mittäter immer so reagieren." (Ebd., 1996, S. 105)

Müller-Salget bewertet die Barblin-Handlung kritisch:

> „Die problematischste Figur des Stücks […] ist das 19jährige Mädchen Barblin."
> Die Szene, die das Eindringen des Soldaten in ihre Kammer zeigt, „hat dem Autor schon bei den Proben zur Uraufführung große Schwierigkeiten bereitet. Die schließlich gefundene ‚Lösung', Barblin nach dem Eintritt Peiders einen von ihm erstickten Schrei ausstoßen zu lassen und den Soldaten damit als Vergewaltiger zu kennzeichnen, kann nicht recht überzeugen […]. Angedeutet werden soll offenbar, daß der protzig selbstbewußte Peider das Mädchen wider Willen beeindruckt mit seiner primitiven ‚Männlichkeit', die dem selbstzweiflerischen Andri fehlt. […] Die Barblin-Handlung, so wichtig und notwendig sie vom Zusammenhang ‚Bildnis und Liebe' her ist, erscheint als nicht hinreichend in den Gesamtduktus des Stücks integriert." (Ebd., S. 101 f.)

Vielschichtigkeit des Textes

Diese Interpretationsansätze ergänzen sich zum Teil bzw. bedingen einander. Für Frischs vielschichtigen Text gilt die Bemerkung von Peter Pütz:

> „In einem literarischen Text vom Range ‚Andorras' gibt es […] so viele Sinnschichten, daß sie – wenn überhaupt – nur in der vorab nicht begrenzbaren Geschichte seiner Rezeption und Analyse entdeckt und durchdrungen werden können. Wer einzelne davon isoliert und zur zentralen oder gar einzigen ‚Aussage' erklärt, bringt den Text um die Qualität seiner internen Unendlichkeit, schlägt ihn im buchstäblichen Sinne platt." (Pütz, 1975, in: W/S, 123)

Ähnlich urteilt Peter Michalzik:

> „*Andorra* ist kein eindeutiges, auf eine Thematik fixierbares Stück. […] In *Andorra* überlagern sich […] Privates und Öffentliches, ein zentrales Thema des 20. Jh.s und eine unglücklich verlaufene Pubertätsgeschichte. Man muss sich fragen, ob darin nicht die größte Stärke dieses Textes und nicht […] seine Schwäche liegt." (Michalzik, in: M. F, *Andorra*, 1999, S. 157)

Literaturhinweise

Ausgaben

Brecht, Bertolt: Kleines Organon für das Theater. In: B. B.: Schriften. Berlin (Ost): Aufbau-Verlag, 1981.
Frisch, Max: Gesammelte Werke in zeitlicher Folge. 6 Bde. Hrsg. von Hans Mayer unter Mitwirkung von Walter Schmitz. Frankfurt a. M.: Suhrkamp, 1976.
– Stücke. Bd. 2. Frankfurt a. M.: Suhrkamp, 1974.
– Andorra. Stück in zwölf Bildern. Mit einem Kommentar von Peter Michalzik. Frankfurt a. M.: Suhrkamp, 1999, Suhrkamp Basis Bibliothek 8.
– Tagebuch 1946–49. München: Knaur, 1971. [Zit. als: Tgb.]
– Öffentlichkeit als Partner. Frankfurt a. M.: Suhrkamp, 1972.

Sekundärliteratur

Materialienbände und Kommentare

Bänziger, Hans: Max Frisch, *Andorra*. Stuttgart: Reclam 2002. (Erläuterungen und Dokumente, Bd. 8170.)
Gute Hinweise zum Verständnis der Begriffe und der Thematik. Gute Übersicht über Entstehung, Rezeption und Interpretationsmöglichkeiten. Ausführliche Literaturhinweise.
Frühwald, Wolfgang / Schmitz, Walter: Max Frisch, *Andorra*. Materialien, Kommentare. München: Hanser, 1977 (Reihe Hanser Literaturkommentare Bd. 9.) [Zit. als: F/S.]
Gute Hinweise zur Autorintention, zum literarisch-kulturellen Hintergrund, zur Vorurteilsproblematik in sozialpsychologischer Sicht und zur Sprache.
Hermes, Eberhard: Materialien Max Frisch, *Andorra*. Stuttgart: Klett, 1979. (Editionen für den Literaturunterricht.) [Zit. als: Hermes.]
Hinweise zum Autor, zu den Aufführungen und zur Rezeption.
Wendt, Ernst / Schmitz, Walter: Materialien zu Max Frischs *Andorra*. Frankfurt a. M.: Suhrkamp, 1978. (edition suhrkamp 653.) [Zit. als: W/S.]
Außer Bemerkungen von Frisch über Entstehung und Aufführung seines Stücks enthält der Band Texte über das Thema „Vorurteil“, Aufsätze über die Problematik des Stücks sowie Theaterkritiken über die Aufführung von „Andorra“ in aller Welt.

Sammelbände

Arnold, Heinz Ludwig: Schriftsteller im Gespräch. Bd. 1. Zürich: Haffmanns, 1990.

Beckermann, Thomas: Über Max Frisch. Frankfurt a.M.: Suhrkamp, 1971. (edition suhrkamp 404.) [Darin u.a.: Wolfgang Hegele: Max Frisch, *Andorra*. (1968.) S. 172–191.

Bienek, Horst: Werkstattgespräche mit Schriftstellern. München: Deutscher Taschenbuch Verlag, 1965.

Schau, Albrecht (Hrsg.): Max Frisch – Beiträge zur Wirkungsgeschichte. Freiburg/Br.: Becksmann, 1971. (Materialien zur deutschen Literatur 2.) [Darin u.a.: Kurt Aurin: *Andorra* – ein psychologisches Modell. S. 248–266; Hans Magnus Enzensberger: Über *Andorra*. S. 274–275; Marianne Kesting: Max Frisch. Nachrevolutionäres Lehrtheater. S. 185–196.]

Schmitz, Walter: Über Max Frisch II. Frankfurt a.M.: Suhrkamp, 1976. (edition suhrkamp 852.) [Darin u.a.: Helmut Krapp: Das Gleichnis vom verfälschten Leben. (1962.) S. 299–304; Wolfgang Frühwald: Wo ist Andorra? (1966.) S. 305–312.]

Gesamtdarstellungen

Bänziger, Hans: Frisch und Dürrenmatt. Bern: Francke, 1967.

Biedermann, Marianne: Das politische Theater von Max Frisch. (Dissertation.) Lampertheim: Schäuble, 1972.

Jurgensen, Manfred: Max Frisch, Die Dramen. Bern: Francke, 1976.

Lüthi, Hans Jürg: Max Frisch. München [u.a.]: Francke, 1981 (UTB 1085.)

Müller-Salget, Klaus: Literaturwissen für Schule und Studium: Max Frisch. Stuttgart: Reclam, 1996. (Universal-Bibliothek Nr. 15210.)

Petersen, Jürgen H.: Max Frisch. Stuttgart: Metzler, 1978. (Sammlung Metzler 156.)

Schenker, Walter: Die Sprache Max Frischs in der Spannung zwischen Mundart und Schriftsprache. Berlin: De Gruyter, 1969. (Quellen und Forschungen zur Sprach- und Kulturgeschichte der germanischen Völker N. F 31.)

Interpretationen zu *Andorra*

Bekes, Peter: Außenseiter. Max Frisch, *Andorra*; G.E. Lessing, *Nathan der Weise*. Stuttgart: Klett, 1988. (Anregungen für den Literaturunterricht.)

Durzak, Manfred: Dürrenmatt, Frisch, Weiss. Stuttgart: Reclam, 1972.
Kritische Interpretation des Dramas. Anspruchsvolle Darstellung.

Eckart, Rolf: Max Frisch, *Andorra*. 2. Aufl. München: Oldenbourg, 1967. (Interpretationen zum Deutschunterricht).
Für Deutschlehrer und Oberstufenschüler gedachte ältere Interpretation. Ausführliches Eingehen auf Sprache, Symbolik und Bildnisproblematik.

Fenske, Ute: Max Frisch, *Andorra*. Unterrichtsvorschläge und Kopiervorlagen zu Buch, Audiobook, CD-ROM. Berlin: Cornelsen 2006. (LiteraMedia.)

Heidenreich, Sibylle: Frisch, Andorra; Biedermann und die Brandstifter. Hollfeld/Ofr.: Beyer, 1974. (Analysen und Reflexionen 9.)

Hilty, Hans Rudolf: Tabu *Andorra*. In: Wendt / Schmitz: Materialien. S. 113–121.

Knapp, Gerhard P. / Knapp, Mona: Max Frisch, *Andorra*. Frankfurt: Diesterweg, 1980. (Grundlagen und Gedanken zum Verständnis des Dramas.)
Übersichtlich gestaltete Darstellung der Handlung und der Problematik des Dramas.

Meurer, Reinhard: Max Frisch, *Andorra*. Interpretation. München: Oldenbourg 2002, 1. Aufl., unv. Nachdr. (Oldenbourg Interpretationen 35.)

Müller-Salget, Klaus: Max Frisch: *Andorra. Stück in zwölf Bildern*. In: Interpretationen. Dramen des 20. Jahrhunderts. Bd. 2. Stuttgart: Reclam, 1996. S. 92–108. (Universal-Bibliothek Nr. 9461.)
Kritische Interpretation des Dramas mit Betonung seines Gegenwartsbezugs.

Pütz, Peter: Max Frischs *Andorra* – ein Modell der Missverständnisse. (1975). In: Wendt / Schmitz: Materialien. S. 122–132.

Schmitz, Walter: Max Frischs Andorra – als Wirklichkeits- und als Erkenntnismodell. In: Harro Müller-Michaelis (Hrsg.): Deutsche Dramen. Bd. 2. Königstein/Ts.: Athenäum, 1981. (Athenäum Taschenbücher Literaturwissenschaft).
Interpretation mit sozialpsychologischem Ansatz. Zusammenfassung und Erweiterung früher erschienener Einzeluntersuchungen des Verfassers.

Bildnis- und Vorurteilsproblematik, Antisemitismusproblem

Markefka, Manfred: Vorurteile, Minderheiten, Diskriminierung. 5. Aufl. Neuwied: Luchterhand, 1982.

Oomen, Hans Gert / Schmidt, Hans Dieter (Hrsg.): Vorurteile gegen Minderheiten. Stuttgart: Reclam, 1978. (Arbeitstexte für den Unterricht 9543).

Soennecken, Stefanie: Die Bildnisproblematik bei Max Frisch. Das Bildnisverständnis in den Werken *Andorra* und *Homo Faber*. München: Meidenbauer 2011. (Akademische Verlagsgemeinschaft München, Bd. 415).

Medien

Max Frisch, Kurt Hirschfeld (Regisseur): *Andorra*. In der Inszenierung der Uraufführung des Schauspielhauses Zürich. 2. November 1961. Berlin: Deutsche Grammophon 2004. 2 CDs (120 Min.).

Prüfungsaufgaben und Lösungen

I Die Bedeutung des ersten Bildes

II Beziehungsgefüge Andris

III Die „Bildnis"-Problematik

IV Schuldproblematik

V Formale Besonderheiten des Stücks

VI Gestaltungsmittel des Stücks

VII *Andorra* als Modell

VIII Literarische Erörterung

I Die Bedeutung des ersten Bildes

Aufgaben und Fragestellungen

1. Welche Bedeutung hat das erste Bild?
2. Welche Konflikte deuten sich hier schon an?
3. Welche Verhaltensweisen der Andorraner lassen sich erkennen?
4. Wie gehen die Andorraner mit Andri um?
5. Wie verhält sich Andri?

Lösungsvorschläge

Zu 1

- Das Bild hat die Funktion einer Exposition und führt den Zuschauer ins Geschehen ein.
- Es informiert ihn über den Ort des Geschehens, über die Ausgangssituation und die Verhältnisse in Andorra.
- In ihm werden die Personen vorgestellt, die im Geschehen eine Rolle spielen: die Hauptperson Andri, sein Pflegevater Can, der eigentlich sein Vater ist, seine Verlobte Barblin, die, was er ebenfalls noch nicht weiß, seine Halbschwester ist, der Pater, der Wirt, der Tischler, der Jemand und der Soldat Peider. In den Spannungen zwischen den Personen, in deren Mittelpunkt Andri steht, werden die späteren Konflikte angedeutet.

Zu 2

- Im politischen Bereich bestehen Spannungen zum Nachbarstaat der „Schwarzen", von denen bekannt ist, dass sie auf Andorra neidisch sind und die Juden vernichten. Das gesamte Geschehen ist von einer Atmosphäre der Bedrohung überlagert.
- Im gesellschaftlichen Bereich bestehen Spannungen zwischen den Andorranern und Andri, der als Jude schlecht behandelt wird, sowie den Andorranern und seinem „Vater", dem Lehrer, dem man zuviel Lehrgeld für seinen angeblich jüdischen Sohn abverlangt.
- Im persönlichen Bereich bestehen Spannungen zwischen Andri und dem Wirt, dem Tischler und dem Soldaten, die alle Andri in ihre Klischeevorstellungen bezüglich der Juden pressen.

Zu 3

- Der Zuschauer erkennt einmal den dick aufgetragenen Stolz der Andorraner auf ihr Heimatland und ihre vorgebliche Verwurzelung im kirchlichen Brauchtum. Aber er ahnt auch schon ihre Scheinheiligkeit, den Unterschied zwischen ihrem Selbstbild und tatsächlichen Verhalten.

- Er erkennt auch ihre Angst vor einem Überfall durch die „Schwarzen“, die der Soldat mit Hinweisen auf fehlende Kriegsgründe, mit militantem Nationalismus, vorgespieltem Mut und mit großsprecherischen Parolen vertuschen will.
- Er ahnt, was mit Juden geschehen würde, falls die „Schwarzen“ tatsächlich einmarschieren, dass sie nämlich getötet würden.
- Er erkennt außerdem den latenten und manifesten Antisemitismus der Andorraner, die wegen ihrer Klischees vom „jüdischen“ Wesen den vermeintlichen Juden Andri diskriminieren und ihm Gewalt antun.
- Er erkennt ebenfalls, dass die Andorraner über die Eigenschaften verfügen, die sie bei Andri als typisch „jüdisch“ zu erkennen glauben, z. B. Geldgier, Geiz und Gefühllosigkeit.

Zu 4

- Der Pater versucht Andris – und Barblins – Ängste mit dem Hinweis zu beschwichtigen, Andorra würde wegen seiner Friedensliebe nicht überfallen werden und man dürfe Gerüchten über einen drohenden Überfall keinen Glauben schenken.
- Der Wirt hält seinen Küchenjungen Andri für eine Ausnahme in Bezug auf jüdisches Verhalten und Wesen. Dieser verhalte sich nicht so, wie es seiner Meinung nach Juden täten, nämlich handwerklich ungeschickt. Allerdings nutzt er die Not des Lehrers aus und kauft ihm für einen Wucherpreis sein Land ab.
- Der Tischler hat die üblichen Vorurteile, dass der vermeintliche Jude Andri kein Handwerk lernen, sondern nur mit Geld umgehen könne. Deshalb solle er Makler werden oder an die Börse gehen.
- Der Soldat stellt Andris Freundin Barblin nach, will mit ihr schlafen, wird Andri gegenüber gewalttätig und hat die gleichen Vorurteile gegenüber Juden wie Wirt und Tischler.

Zu 5

- Andri ist glücklich. Er hofft auf die von ihm gewünschte Tischlerlehre und ist sich Barblins als seiner Braut sicher.
- Diese Freude und Sicherheit bewirken, dass er sich nicht vom betrunkenen Soldaten provozieren lässt, als dieser ihn mit primitiven antijüdischen Klischees beleidigt, der Feigheit bezichtigt, zu Fall bringt und obszön von Barblin spricht.

II Beziehungsgefüge Andris

Aufgaben und Fragestellungen

1. Welche Intention verbindet Frisch mit der Art seiner Personenzeichnung?
2. Welche Bedeutung haben die Personen des häuslichen Bereichs für Andri?
3. Welche Bedeutung haben die Personen des öffentlichen Bereichs für ihn?
4. Wie ist Andris Stellung innerhalb der Personengruppen?

Lösungsvorschläge

Zu 1

- Wegen des Modellcharakters des Stücks geht es Frisch nicht um eine naturalistische und individualisierende Personenzeichnung.
- Deshalb führt er kein geschlossenes Sozialgefüge vor, sondern Typen, die bestimmte Verhaltensweisen und Einstellungen veranschaulichen und verallgemeinern.
- Er will Einstellungen wie z. B. Vorurteile und Klischees gegenüber anderen Menschen, bestimmten Gruppen und besonders den Juden vorführen und damit kritisieren.
- Er unterscheidet bei seiner Personenzeichnung zwischen dem häuslichen und dem öffentlichen Bereich, die miteinander verbunden sind.

Zu 2

- Die Senora – Andris eigentliche Mutter – enthüllt im Stück die Vorgeschichte und gibt den äußeren Anlass dafür, dass Can endlich die Wahrheit sagt. Sie hat ihren Sohn aus Angst verleugnet und bereut zu spät ihr feiges Verhalten. Sie will Andri helfen. Ihre Ermordung ist Anlass für die „Schwarzen" zum Einmarsch nach Andorra und letztlich Anlass für den Tod ihres Sohnes.
- Die Mutter – eigentlich Andris Pflegemutter – liebt den ihrer Meinung nach andersartigen Andri und bittet den Pater darum, ihm zu sagen, dass er sich in seiner Andersartigkeit annehmen solle. Sie gewinnt im Verlauf des Geschehens an Profil, als sie ihrem Mann sagt, er habe sie, die Senora und vor allem Andri verraten, als sie bei der Judenschau für die Wahrheit eintritt und schwört, dass Andri den tödlichen Stein nicht geworfen haben kann, da er bei ihr gewesen sei.
- Der Lehrer Can, Andris vorgeblicher Pflegevater und eigentlicher Vater, ist Gegenspieler sowohl der Andorraner als auch Andris. Aus dem jugendlichen Idealisten, der in seinem Beruf für die Wahrheit und gegen Vorurteile kämpft, wird der Feigling und Opportunist, der die Wahrheit verleugnet und letztlich am Tod seines Sohnes schuld ist. Sein Zwiespalt

zwischen Idealismus und Opportunismus lässt ihn aggressiv werden und macht ihn zum Trinker. Er hasst die Andorraner, weil er in sie sein eigenes Versagen projiziert. Als er nach dem Einmarsch der „Schwarzen" die Wahrheit sagt, wird ihm nicht mehr geglaubt, auch nicht mehr von seinem Sohn. Am Ende erkennt er seine Schuld und sühnt sie durch seinen Freitod.

- Barblin ist außer Andri die einzige Person, die im Personenverzeichnis mit Namen genannt wird, ein Zeichen, dass sie als Individuum gesehen werden soll. Sie ist Andris Halbschwester, wie sich zu spät herausstellt, und liebt ihn, auch wenn sie ihn ebenfalls für anders als die Andorraner hält. Anfangs ist sie furchtsam, ängstlich und verhält sich passiv. Nach ihrer mutmaßlichen Vergewaltigung durch den Soldaten hat Andri den letzten Halt verloren und bekennt sich zu seiner neuen Rolle. Als er bei ihr verhaftet wird, tritt sie mutig für die Wahrheit ein und bekennt sich zu ihm. Sie liebt ihn bis zum Schluss, als sie als „Judenhure" dem Wahnsinn verfällt. Sie ist diejenige, von der Andri am meisten geliebt und am tiefsten verletzt wird.

Zu 3

- Der Pater spielt als Ratgeber der Familie und Angehöriger der andorranischen Gesellschaft eine besondere Rolle. Er sieht Andri, der ihm anfangs vertraut, zwar als Außenseiter, bewertet sein Verhalten aber positiv und fordert ihn auf, seine Rolle anzunehmen. Bei der Judenschau fehlt er, als er die Wahrheit bezeugen soll, und lädt dadurch Schuld auf sich. Er bekennt sich als Einziger nach dem Geschehen zu seiner Schuld, aber auch nur zu einem Teil und formuliert die zentrale Thematik des Stücks, die Bildnisproblematik.
- Der Doktor ist der in antisemitischen Vorurteilen befangene, halbgebildete, erfolglose Akademiker, der sich ein überaus positives Bild von sich selbst macht, dem er aber nicht entspricht. Als Opportunist sympathisiert er mit den „Schwarzen" und sogar mit dem Judenschauer. Er gesteht sein Versagen Andri gegenüber, seine Befangenheit in Vorurteilen, nicht ein, sondern deckt es mit Phrasen zu und schiebt seine Schuld auf andere.
- Der Tischler verkörpert den Typ des Kleinbürgers, der für faschistische Ideen anfällig ist. Er bringt Andri gegenüber die meisten Vorurteile entgegen und presst ihn damit nachhaltig in das Klischee, dessen Opfer er dann wird. In seinem Gesellen hat er einen feigen, verantwortungslosen Mitläufer, der auch vor Gewalt nicht zurückschreckt.
- Der Wirt ist der Typ des unbelehrbaren opportunistischen kleinen Geschäftsmannes, der alles tut, um zu Geld zu kommen, und der auch vor einem Mord nicht zurückschreckt, den er Andri in die Schuhe schiebt, was dessen Tod zur Folge hat.
- Der Soldat Peider trägt maßgeblich dazu bei, seinen vermeintlichen Rivalen zu vernichten. Er vergewaltigt vermutlich Barblin, nimmt Andri damit

den letzten Halt und verhaftet ihn vor ihrer Kammer. Er prahlt mit Patriotismus und Widerstandswillen, schwenkt aber sofort zu den „Schwarzen" über. Er ist der Typ des gewalttätigen, feigen, prahlerischen Befehlsempfängers, der nicht selbst denkt und jedes noch so hohle Schlagwort übernimmt.
- Der Jemand ist ein beliebiger, informierter und auch distanzierter Beobachter des Geschehens, der sich über das Verhalten der Andorraner amüsiert, weil er es durchschaut, der sich aber aus allem heraushält und so mitschuldig wird.

Zu 4
- Andri als Hauptfigur gehört beiden Bereichen an und verbindet sie.
- Innerhalb der Familie und in der andorranischen Gesellschaft nimmt er eine Sonderstellung ein, weil er angeblich als jüdisches Kind adoptiert wurde.
- Er sieht deshalb auch keine Schwierigkeiten, Barblin, die Tochter des Lehrers, zu heiraten. Als dieser dagegen ist, glaubt er, der Lehrer würde die Heirat verbieten, weil er Jude sei.
- Innerhalb der Andorraner spielt er die Rolle des gering geachteten und schikanierten Außenseiters. Auf ihn wird das Klischee angewendet, das die Andorraner von Juden haben.
- Aus dieser Sonderstellung resultiert seine Identitätsproblematik, an der er letztlich zu Grunde geht.

III Die „Bildnis"-Problematik

Aufgaben und Fragestellungen

1. Worin besteht für Frisch die Bildnis-Problematik?
2. Welche Bedeutung hat das Bildnisproblem für die Andorraner?
3. Welche Bedeutung hat es für Andri, und wie entwickelt er sich unter seiner Wirkung?
4. Welche Bedeutung haben Can, Barblin und der Pater für Andris Entwicklung?
5. Welche Rolle spielt die Gewalt im Stück?

Lösungsvorschläge

Zu 1

- Für Frisch gilt das Bildnisverbot aus dem Alten Testament auch für den Menschen, dessen eigentlich unfassbares Wesen nicht durch feste Vorstellungen, Klischees, Vorurteile, also durch „Bildnisse", eingeengt werden darf.
- Daraus folgt: Macht man sich von einem Menschen ein „Bildnis", d.h. presst man ihn in eine bestimmte Rolle, dann wird er in seiner Entwicklung und seiner Identitätsfindung behindert. Um ihm als Mensch gerecht zu werden, darf man ihm deshalb nicht mit vorgefassten Meinungen oder Erwartungen begegnen, sich also kein „Bildnis" von ihm machen.
- Allein die Liebe bietet für Frisch die Möglichkeit, dem anderen unvoreingenommen zu begegnen, ihn also so zu sehen und zu akzeptieren, wie er ist.
- Der Mensch hat nicht nur bestimmte Vorstellungen von anderen, sondern er macht sich auch bestimmte Vorstellungen von sich selbst, ein Selbstbildnis. Dieses ist mehr oder weniger gesellschaftlich vermittelt, da der Einzelne sich nach den Vorstellungen der anderen richtet – oder eben nicht. So lässt er sich in ein bestimmtes Klischee drängen, spielt seine Rolle so, wie die anderen es von ihm erwarten.
- Frisch verbindet in seinem Stück die Bildnisproblematik des Einzelnen, Andris, mit den gesellschaftlichen Vorurteilen der Gesellschaft, der Andorraner, wobei sich deren Vorurteile auf die Gruppe der Juden beziehen, also antisemitischer Art sind.

Zu 2

- Die Andorraner sehen sich als Teile einer Gemeinschaft, der sie völlig unkritisch positive Eigenschaften zuschreiben, die sie dann für sich selbst in Anspruch nehmen, so dass ein überaus positives Selbstbild entsteht.
- Das positive Selbstbild kann nur aufrechterhalten werden, wenn es zu ei-

nem negativen Bild einer anderen Gruppierung im Gegensatz steht. Diese wegen der langen Tradition antisemitischer Vorurteile negativ gesehene Gruppe sind die Juden.

- Gegenbeweise gegen die Klischees, z. B. Andris Verhalten, werden nicht zur Kenntnis genommen, da man von liebgewordenen Vorurteilen nicht abrücken will und sich Vorteile davon verspricht.
- Die Andorraner nehmen die Widersprüche zwischen ihrem Selbstbild und dem Bild, das sie sich von den Juden und von Andri machen, nicht zur Kenntnis. Sie projizieren ihre negativen und unerwünschten Verhaltensweisen auf ihn und benutzen ihn als Sündenbock.
- Diese – antisemitischen – Vorurteile entlasten die Andorraner von Schuldgefühlen und Angst und ermöglichen ihnen die Aufrechterhaltung ihres positiven Selbstbildes und damit ein harmonisches Zusammenleben. Aber Andri wird durch sie vernichtet.

Zu 3

- Zu Beginn des Geschehens will Andri so sein, wie die anderen Andorraner zu sein glauben. Sein tatsächliches Verhalten steht im Gegensatz zu dem negativen Bild, das sich die Andorraner von Juden machen. Er verkörpert zum Teil die von den Andorranern beanspruchten Tugenden und veranschaulicht durch sein Verhalten die Unsinnigkeit ihrer antisemitischen Klischeevorstellungen.
- Durch das Verhalten der Andorraner ihm gegenüber gerät er ungewollt in Distanz zur Gemeinschaft. Zuerst kämpft er gegen das Bildnis an, das sich die Andorraner von ihm machen, und gegen ihr Verhalten, die Wahrheit nicht zur Kenntnis zu nehmen. Dann wird er nachdenklich und fragt sich, ob die Andorraner mit ihrer Meinung, er sei anders als sie, nicht recht hätten. Er ist aber trotz der zunehmenden Verunsicherung durch den immer stärker werdenden gesellschaftlichen Druck lange nicht bereit, sein Selbstbild einfach aufzugeben.

Zu 4

- Andri wendet sich auch enttäuscht und verbittert von Can ab, als dieser ihm die Heirat mit Barblin verweigert, weil er glaubt, er wolle seine Tochter keinem Juden zur Frau geben.
- Der einzige Halt für ihn ist seine Liebe zu Barblin, mit deren Hilfe er glaubt, die Gefangenschaft durch Vorurteile überwinden zu können. Nach dem Verlust Barblins hat er keine Hoffnung mehr, die an ihn herangetragene Rollenbegrenztheit zu überwinden.

- Als ihn auch noch der Pater auf seine – wenn auch positive – Rolle festlegt, akzeptiert er die lange verweigerte Identität als Jude, in die man ihn gepresst hat, und lässt sich davon auch nicht abbringen, als er durch seinen Vater die Wahrheit erfährt. Er hat eine neue Identität gefunden, dabei aber sein eigenes Ich durch den gesellschaftlichen Druck verfehlt.
- Frisch zeigt an Andris Beispiel die extreme Wirkung sozialer Vorurteile auf. Sie können einen Menschen bis zur Selbstaufgabe bringen.

Zu 5
- Frisch zeigt am Beispiel der Andorraner, wie sich aus gesellschaftlichen Vorteilen, „Bildnissen", Diskriminierungen bilden können, die letztlich in Gewalt und Vernichtung umschlagen können.
- Symbolisch für gewalttätiges und lebensvernichtendes Verhalten sind die „Schwarzen". Die Andorraner identifizieren sich mit ihnen als den überlegenen Angreifern, verinnerlichen ihre Gebote, um Aggressionen gegen sich selbst zu vermeiden, und machen sich zu Instrumenten ihres gewalttätigen und tödlichen Handelns.
- Andri erleidet die verschiedenen Stufen der Eskalation der Vorurteile bis zur Gewalt. Er wird verleumdet, von den anderen gemieden und diskriminiert. Er erleidet körperliche Gewalt und wird am Schluss getötet.

IV Schuldproblematik

Aufgaben und Fragestellungen

1. Wer trägt juristische Schuld an Andris Tod?
2. Worin besteht die moralische Schuld der Andorraner?
3. Worin besteht die moralische Schuld von Andris Eltern?
4. Welche Folgen hat das schuldhafte Verhalten aller für Andri?
5. Welche Intention verbindet Frisch mit Andri und den Andorranern?

Lösungsvorschläge

Zu 1

- Man muss zwischen juristischer und moralischer Schuld unterscheiden, wobei moralische Schuld, wie gezeigt wird, kriminelle Schuld zur Folge haben kann.
- Die juristische Schuld der „Schwarzen" besteht im Völkermord in der Vergangenheit (vgl. Nazis). In der Spielgegenwart misshandeln und töten sie Andri.
- Juristische bzw. kriminelle Schuld laden auch Andorraner auf sich:
  - Der Wirt ermordet die Senora und beschuldigt Andri, den Mord begangen zu haben.
  - Der Lehrer verschweigt seine Vaterschaft und setzt aus Feigheit die Lüge über Andris Herkunft in die Welt. Dadurch bewirkt er, dass die Andorraner Andri in die Rolle des Juden pressen können.
  - Der Soldat Peider ist Barblin gegenüber gewalttätig und begeht Andri gegenüber Körperverletzung.

Zu 2

- Die kollektive moralische Schuld der Andorraner besteht darin, dass sie Andri nicht so sehen wollen, wie er ist, sondern dass sie sich ein „Bildnis" von ihm machen und ihn in die Rolle des Juden pressen.
- Kollektiv moralisch schuldig werden sie durch ihre Vorurteile gegenüber den Juden (Geldgier, Gefühllosigkeit, Geilheit) und die daraus folgende gesellschaftliche Isolation Andris.
- Individuell schuldig werden sie durch ihr jeweiliges Verhalten Andri gegenüber. Antisemitismus, Opportunismus und Feigheit kennzeichnen das Verhalten des Wirtes, des Arztes, des Soldaten, des Tischlers und des Gesellen.
- Der Pater allein bekennt sich zu seiner Schuld, Andri in eine Rolle gezwängt zu haben. Er ist jedoch ebenfalls feige und verdrängt an der Schranke seine Abwesenheit bei der Judenschau.

Zu 3

- Andris vorgeblicher Pflegevater Can verschweigt die Herkunft seines Sohnes aus Feigheit. Die Folge ist die Anwendung des Juden-Klischees der Gesellschaft auf Andri. In letzter Konsequenz ist er schuld am Tod seines Sohnes.
- Wenn er Andris wahre Herkunft als Beweis für die Unsinnigkeit antisemitischer Vorurteile benutzen will, so muss man ihm vorwerfen, dass er seinen Sohn zum Demonstrationsobjekt herabwürdigt.
- Als Can schließlich den Durchbruch zur Wahrheit wagt, ist es zu spät, da sein Sohn sich zu seiner neuen Rolle bekennt.
- Dass Can seine Schuld erkennt, sieht man daran, dass er in den Alkoholkonsum flüchtet und sich schließlich selbst richtet, und zwar in der Schulstube, in der er als junger Mann für die Wahrheit eingetreten ist.
- Seine Tragik besteht in der Folgenlosigkeit seines Wissens um die Wahrheit.
- Moralische Schuld hat auch Andris Mutter, die Senora. Sie kümmert sich nicht nur nicht um ihren Sohn, sondern wagt nicht ihren Landsleuten zu gestehen, dass sie ein Kind von einem Andorraner hat.

Zu 4

- Andri wehrt sich anfangs gegen die ihm aufgezwungene Rolle, aber nach dem Verlust Barblins macht er keine Versuche der Selbstverteidigung (Argumente, evtl. Flucht mit Barblin).
- Auch als er die Wahrheit weiß, beharrt er auf seiner Judenrolle aus Starrheit, trotz glaubwürdiger Gegenargumente (Vater, Pater, Barblin).
- Er nimmt das „Bildnis“ an, dass die Andorraner von ihm haben, und zwar mit dessen tödlichen Folgen, und bekennt sich zum jüdischen Schicksal.
- Damit verfehlt er die gefundene Wahrheit und die eigene Identität. Seine Tragik besteht in seinem Bekenntnis zur falschen Identität, obwohl er die richtige kennt.
- Sein Verhalten hat zur Folge, dass er seinen Vater und die Andorraner aus ihrer Schuld nicht entlässt.

Zu 5

- Frisch veranschaulicht an Andris Beispiel die Folgen des Hineindrängens eines Menschen in eine bestimmte Rolle, in ein „Bildnis“.
- Am Beispiel der unbelehrbaren Andorraner klagt er die Gesellschaft an, ihre Vorurteile, Unbelehrbarkeit, Feigheit und Selbstgerechtigkeit.
- Frisch will, wie die Zeugenaussagen in der Gegenwart beweisen, keine bloße Vergangenheitsbewältigung, sondern Warnung in der Gegenwart vor einer gedachten Zukunft.

V Formale Besonderheiten des Stücks

Aufgaben und Fragestellungen

1. Welche Merkmale von Brechts Theater-Auffassung lassen sich bei *Andorra* feststellen?
2. Welche strukturellen Besonderheiten weist das Stück auf?
3. Welche Bedeutung haben die Zeugenaussagen an der Schranke?

Lösungsvorschläge

Zu 1

- Grundlage von Brechts Dramentheorie ist seine marxistische Weltanschauung. Er will den Menschen als veränderbares Produkt der gesellschaftlichen Verhältnisse zeigen, der schließlich eine neue Gesellschaft schafft.
- Brecht löst die traditionelle Form des Theaters in seiner geschlossenen Form auf und gestaltet ein lockeres Nacheinander von Bildern, in denen Verhältnisse demonstriert, gewissermaßen „erzählt" werden. Die vermittelten Erkenntnisse sollen über den Einzelfall hinausgehen, auf allgemeine Erkenntnisse hindeuten und somit Parabelcharakter haben.
- Brechts Form des „epischen Theaters" will dem Zuschauer die Möglichkeit geben, die zu verändernden Verhältnisse zu analysieren und zu kritisieren. Um den Zuschauer zu einer kritischen Haltung zu bewegen, benutzt Brecht das Mittel der Verfremdung. Der „Verfremdungseffekt" soll die Identifikation mit den Personen vermeiden.
- Frisch lehnt Brechts marxistische Weltanschauung ab. Aber ihm geht es auch um die Demonstration bestimmter Verhaltensweisen. Deshalb wählt er die Form des „Modells", um an einem allgemeinen Beispiel bestimmte Verhaltensweisen vorzuführen und zu einer Änderung des Bewusstseins beizutragen. Er vermeidet den Begriff Parabel, weil es ihm nicht um Übermittlung einer bestimmten Ideologie geht.
- Brechts Verfremdungsverfahren übernimmt Frisch in seinem Stück vor allem durch das Auftreten der Personen an der Zeugenschranke und deren Ausrichtung auf das Publikum, das zum Mitzeugen gemacht wird.
- Durch dieses epische Element werden die Zuschauer provoziert, sich von den lernunfähigen Bühnenfiguren zu distanzieren und darüber hinaus möglicherweise eigene Denkmuster in Frage zu stellen.

Zu 2

- Das Drama verdichtet in zwölf Bildern das Geschehen der letzten Monate vor Andris Ermordung und den darauffolgenden Tag.

- In einer zweiten Handlungsebene lässt Frisch in sieben monologartigen Auftritten die Andorraner Stellung zu den damaligen Ereignissen und zu ihrem früheren Verhalten beziehen. Die Personen verlassen die Spielebene, treten in den Vordergrund und entfernen sich räumlich und zeitlich vom Geschehen.
- Die Auftritte bewirken eine Verfremdung des Geschehens und eine Desillusionierung des Zuschauers. Dem Zuschauer werden auf diese Weise die antisemitischen Klischeevorstellungen der Personen demonstriert und unmittelbar zur Anschauung gebracht.
- Die Spielhandlung enthält zwei Handlungsstränge, die durch die Person Andris miteinander verknüpft werden: den privaten, häuslichen Bereich mit dem Mittelpunkt der Identitätsproblematik und den öffentlich-gesellschaftlichen Bereich mit dem Mittelpunkt der gesellschaftlichen Klischees und Vorurteile.
- Im privaten Bereich steht die unklare Herkunft eines Menschen mit den sich daraus ergebenden Konflikten im Mittelpunkt, im damit verbundenen gesellschaftlichen Bereich wird die Vorurteilsbefangenheit der Andorraner demonstriert.
- Die Hauptperson Andri hat einen personalen und einen nicht-personalen Gegenspieler: Andris Vater wird zum personalen Gegenspieler seines Sohnes, weil er ihm die Wahrheit über seine Herkunft nicht sagt und ihm die Heirat verweigert. Nicht-personaler Gegenspieler Andris ist der durch die Andorraner verkörperte Antisemitismus als besondere Form von Klischeedenken und Vorurteilsbefangenheit.
- Dramatisches Geschehen und epische Elemente beginnen zusammen im ersten Bild, trennen sich, nähern sich an und vereinigen sich wieder im zwölften Bild.
- In den Bildern 1–6 steht Andris Identitätsproblematik im Mittelpunkt des Geschehens. Andri versucht seine eigene Identität zu verwirklichen, wird aber von der Gesellschaft daran gehindert.
- In den Bildern 7–12 zeigt Frisch, wie Andri die ihm aufgezwungene Rolle schließlich annimmt und sich einer erneuten Veränderung seiner Identität (9. Bild) verweigert.

Zu 3

- Die Zeugenaussagen unterbrechen die Spielhandlung und bilden eine Art zeitübergreifenden Rahmen. Die Andorraner nehmen von einem Zeitpunkt nach den Ereignissen aus Stellung. Dadurch erhält das Geschehen den Charakter des Unabänderlichen.
- Da sie Hinweise auf den Ausgang des Geschehens enthalten, haben sie vorausdeutenden Charakter. Die Spannung des Zuschauers entsteht deshalb nicht aus der Unkenntnis über den Ausgang, sondern aus der Unkenntnis des Geschehens, das dahin führt.

- Da die Auftritte in der Gegenwart des Zuschauers stattfinden, haben sie auch den Charakter von Rückblenden. Der Zuschauer kann aus seiner wachsenden Kenntnis des Geschehens den Unterschied zwischen dem behaupteten – schuldlosen – und dem tatsächlichen – schuldhaften – Verhalten erkennen.
- Frisch will die Unbelehrbarkeit der Andorraner demonstrieren und die Verdrängungstechnik deutlich machen, mit der sie ihrer Vergangenheit und ihrer Schuld begegnen. Sie bestreiten ihren Anteil an Andris Ermordung, distanzieren sich nur von der Grausamkeit des Geschehens und verschweigen damit ihre Schuld.
- Frisch zeigt, wie sie sich zu kleineren Verfehlungen bekennen, um glaubhafter von ihrer Hauptverfehlung, der Mitschuld an Andris Tod, ablenken zu können. Wenn sie auf ihre damalige Unwissenheit in Bezug auf Andri verweisen, zeigen sie damit die Fortdauer der antisemitischen Vorurteile. Ihre Selbstverteidigungsversuche werden so zu Selbstentlarvungen.
- Eine Sonderrolle spielt der Pater: Er gibt zu, sich ein bestimmtes „Bildnis" von Andri gemacht zu haben, wenn auch ein positives, aber er erwähnt nicht sein Fehlen bei der Judenschau, als er die Wahrheit über Andris Herkunft hätte sagen und ihm ein Alibi geben können.
- Die Auftritte sind auf das Publikum bezogen. Durch dieses Element des epischen Theaters kann es das Geschehen kritisch betrachten und wird Zeuge des tatsächlichen Geschehens.
- Durch die Auftritte an der Zeugenschranke erhält das Geschehen den Charakter einer Gerichtsverhandlung, die nicht als vergangen, sondern als gegenwärtig zu denken ist. Sie wiederholt sich bei jeder Aufführung und fordert ein wechselndes Publikum immer neu zur Stellungnahme heraus. Es erkennt, dass sich Mittäter immer so verhalten.

VI Gestaltungsmittel des Stücks

Aufgaben und Fragestellungen

1. Wie lässt Frisch seine Personen sprechen?
2. Welche Bedeutung haben die Bibel-Anspielungen?
3. Welche wichtigen Symbole verwendet Frisch?

Lösungsvorschläge

Zu 1

- Frisch lässt seine Personen in einer nicht-existierenden Umgangssprache sprechen und verwendet dazu Besonderheiten der gesprochenen Sprache.
- Im Gegensatz dazu steht die gehobene Sprache der Senora und des Doktors, die sich dadurch als Angehörige einer anderen Gesellschaftsschicht darstellen.
- Die verschiedenen Personen sprechen eine Sprache, die Ausdruck ihrer jeweiligen Rolle ist:
  - Die Sprache des Soldaten entlarvt ihn als einen übereifrigen Befehlsempfänger, dessen Primitivität sich in obszönen Wortspielen äußert.
  - Der Doktor lässt durch die Art seines Sprechens den Gegensatz zwischen seinem tatsächlichen Verhalten – geschwätziger, in Vorurteilen befangener Versager – und seinem Selbstbild – gebildeter andorranischer Patriot – erkennen, der durch Phrasen seine Minderwertigkeitsgefühle und seine Schuld kompensieren will.
  - Der Pater verwendet die zu seinem Beruf gehörende Rollensprache, eine Predigersprache, die sich besonderer rhetorischer Mittel bedient, Wendungen aus der Bibel verwendet und der die Problematik von Schuld nicht fremd ist. Sie will eine Sprache christlicher Liebe und Güte sein, verdeutlicht jedoch die Rollenbefangenheit und Oberflächlichkeit ihres Sprechers.
- Entsprechend seiner Entwicklung von relativer Rollenfreiheit zu Rollengebundenheit verläuft Andris Sprachentwicklung. Sie ist anfangs offen und lebendig und wird am Ende zur pathetischen Rollensprache des jüdischen Märtyrers. Seine zunehmende Entfremdung von der Gesellschaft drückt sich durch Schweigen aus.

Zu 2

- Bibelzitate dienen den Andorranern dazu, ihr Klischee von Andri als Juden zu festigen und ihn in diese Rolle hineinzupressen.
- Anspielungen auf biblisches Geschehen und direkte Bibelzitate verweisen auf den Zusammenhang von Unrecht und Mord (z. B. Steinwurf als Zeichen

der Strafe, Krähen der Hähne und Judas-Kuss als Zeichen für Verrat, Andri als Sündenbock, Pilatus-Frage nach der Wahrheit, alttestamentliches Bildnis-Verbot).

- Die Bibelanspielungen erinnern an die Passion Christi und bilden einen Verweisungszusammenhang, wodurch der Mord an Andri eine über den Einzelfall hinausgehende Bedeutung gewinnt.
- Christliches Gedankengut schafft eine über die Handlungsebene hinausweisende allgemeingültige Ebene, bestimmt jedoch nicht den Sinn des Stücks. Frisch gestaltet eine säkularisierte Welt, in der die Schuld der Gesellschaft darin besteht, den Mitmenschen in eine bestimmte Rolle zu drängen, ihn dadurch zu verraten und schließlich zu ermorden.

Zu 3

- Frisch verstärkt die zusätzliche Bedeutungsebene durch ein Netz von Andeutungen, Verweisen und Symbolen, die dem Zuschauer oder Leser das Schuldigwerden der Andorraner sinnlich vor Augen führen.
- Schon die Ausgangssituation enthält eine Fülle von Symbolen, die zum Teil vorausdeutenden Charakter haben: das Weißeln der Häuser als Reinigungsritual, der drohende Platzregen als Verweis auf Gefahr, das Bild vom Schlachten einer Sau als Vorausdeutung auf Gewalt und Mord, der Pfahl als Vorausdeutung auf Andris Schicksal und als Symbol für Menschenverachtung, Gewalt und Schuld der Gesellschaft.
- Ein durchgehendes Leitsymbol ist die Verwendung der Farben Schwarz und Weiß. Die Schwarzen stehen für die anonyme Gewalt, für Unterdrückung, Verfolgung und Vernichtung. Darüber hinaus verkörpern sie die in den Andorranern herrschende Tyrannei der Vorurteile, die in Gewalt und Mord umschlagen.
- Die Andorraner betrachten sich als schuldlos. Durch ihr reines, weißes Andorra wollen sie sich von den bösen „Schwarzen“ absetzen. Wenn sie bei der Judenschau ihr Gesicht mit schwarzen Tüchern verdecken, so ist dies ein Hinweis auf ihre Schuld und auf ihre Versuche, die Wahrheit zu verdrängen.

VII *Andorra* als Modell

Aufgaben und Fragestellungen

1. Was versteht Frisch unter einem Modell?
2. Durch welche formalen Mittel verdeutlicht er den Modellcharakter?
3. Wofür kann *Andorra* als Modell stehen?

Lösungsvorschläge

Zu 1

- Ein Modell ist eine verkleinerte und vereinfachte Abbildung der Wirklichkeit, bei der die für die Erkenntnisgewinnung wichtigen Merkmale deutlich herausgearbeitet und die weniger wichtigen weggelassen sind.
- Für Frisch ist ein Modell darüber hinaus eine vorgestellte, fiktive Welt, an der die Wirklichkeit überprüft werden kann. Er wehrt sich dagegen, dass sein Stück ausschließlich auf den Nationalsozialismus und die Judenverfolgung bezogen wird.
- Diese Zeit ist für ihn lediglich Anlass zur modellhaften Darstellung der Verhaltensweisen von Einzelnen und Gesellschaften. Eine andere Bezugsmöglichkeit sieht er im Verhalten der Schweiz während des Zweiten Weltkriegs.
- Weil Frisch die gesellschaftlichen Verhaltensweisen also nicht auf bestimmte historische Situationen bezieht, können sich verschiedene Zeiten, Menschen und Gesellschaften in seinem „Modell" wiederfinden.

Zu 2

- Frisch gestaltet die Zeichnung und das Verhalten der Personen überdeutlich, fast klischeehaft. Da er sie unter Berufsbezeichnungen auftreten lässt, wird deutlich, dass sie bestimmte gesellschaftliche Gruppen repräsentieren.
- Er reduziert Staat und Gesellschaft aufs Einfache, Überschaubare und stellt nicht die moderne Industriegesellschaft dar, sondern die noch wenig spezialisierte Welt des vorindustriellen Zeitalters.
- Er stellt Berufe dar, die eine unabhängige, wirtschaftlich sichere Position garantieren.

Zu 3

- Wegen der Offenheit und Allgemeinheit eines Modells lässt sich die Frage, für welche Verhaltensweisen Andorra steht, nicht ganz eindeutig beantworten, zumal sich die beiden Problembereiche, der persönliche und der gesellschaftliche, überlagern und miteinander verbinden.

- Frisch verweist einmal in den existenziellen, persönlichen Bereich. Er führt in der Person Andri vor, wie der Einzelne an seiner Identitätsfindung durch gesellschaftlich vermittelte Bildnisse oder Rollen gehindert wird. Andri ist ein Beispiel dafür, wie Menschen durch gesellschaftlichen Rollenzwang eingeengt und abgestempelt werden, so dass sie schließlich ihre Identität verlieren.
- Er verweist außerdem in den gesellschaftlichen Bereich und zeigt die Wirkung kollektiver Vorurteile auf Minderheiten, die dadurch diskriminiert, verfolgt und schließlich vernichtet werden. Der Antisemitismus der Andorraner ist eine bestimmte Ausprägung des Bildnisses, das auf eine gesellschaftliche Minderheit, die Juden, bezogen wird.
- Der Modellcharakter verweist ebenfalls in den moralisch-ethischen Bereich. Das Stück zeigt, wie Vorurteile aus innerer Unfreiheit und fehlendem Mut zur Wahrheit entstehen und schließlich in Gewalt und Vernichtung umschlagen können.
- Das Stück veranschaulicht auch die Unfähigkeit oder Unwilligkeit der Täter, sich zu ihrer Schuld zu bekennen, sie zu bewältigen und dafür die Verantwortung zu übernehmen.
- Schließlich zeigt das Stück die Schuldverflechtung, die durch die Wechselwirkung der Bereiche bedingt ist.

VIII Literarische Erörterung

Aufgabenstellung

Beschreiben und begründen Sie, wie sich die Beziehung Andris zu Barblin entwickelt und welche Bedeutung Andri für Barblin hat.

Möglichkeiten einer Einleitung

- Fabel des Stücks, Hinweis auf die Schlüsselrolle Barblins für Andris Entwicklung
- Besondere Rolle Barblins, ausgehend von ihrem Auftreten zu Beginn und am Schluss des Stücks

Aspekte des Hauptteils

1. Vorgeschichte:

- „verbotene" Liebe der Kinder, Tollkirschenerlebnis (45)
- „legale" Liebe der Jugendlichen, getrennte Kammer (ebd.)
- geheime Verlobung und Heiratsabsicht (27), keine Verführung Barblins aus Dankbarkeit gegenüber Stiefvater (26) und Verantwortungsbewusstsein
- ohne Beruf, Voraussetzung für Heirat: Tischler-Lehre (18)
- Erschließen von Barblins Bedeutung: Bestätigungsfigur und Halt für den gesellschaftlich diskriminierten Andri

2. Ereignisse im Vorfeld der Invasion der „Schwarzen":

- Liebe Barblins als Grundlage von Andris Selbstwertgefühl. Folgen:
  - Aufrechterhaltung der Integrationsbemühungen in die andorranische Gesellschaft trotz sich verstärkender Ablehnung (Tischlerlehre)
  - Widerstand gegen Peider
  - Suche nach Trost und Rat bei Barblin (2. Bild)
  - Nach der Enttäuschung durch Can (Verweigerung der Heirat): Rückzug (52 ff.)
- Enttäuschung Andris durch Barblin (Problematik der „Vergewaltigung" durch Peider). Folgen:
  - vollständige Isolierung Andris
  - innerer Zusammenbruch
  - Identitätsverlust (vgl. Gespräch mit dem Pater, 78, 80)

3. Ereignisse nach der Invasion der „Schwarzen":

- Schuldigwerden Andris durch ungerechtfertigte Schuldzuweisungen an andere?
- Ungerechtigkeit Andris gegenüber Barblin
- Ablehnung ihrer Hilfe (98 f.)
- Motive: Trotz, Selbstquälerei, Ende der Liebe?
- Schuldigwerden an Barblin durch Erstarrung in seiner selbstgerechten Märtyrerrolle (Bezeichnung Barblins als „Soldatenbraut" [93] und durch den Soldaten als „Judenhure" [114]), Folge: ihr Wahnsinn
- Allerdings: keine Verlagerung der Hauptschuld auf das Opfer

Möglichkeiten eines Schlusses

- Zusammenfassung: Verlust des Glaubens an Barblin, der wichtigsten und schließlich alleinigen Bezugsperson
- Folge: Unvermeidbarkeit der Katastrophe
- Barblin: ebenfalls Opfer der Andorraner
- Besondere Tragik: gesellschaftlich verursachte Unsicherheit Andris, Fehlbeurteilung Barblins. Ergebnis: Die einzige Person, die sich zur Vorurteilslosigkeit und Wahrheit bekennt, wird von Andri verkannt.

Stichwortverzeichnis

A
Abwehrmechanismen 54
Andorra 9, 12
Andorraner 24 f., 49, 59 ff.
- Fremdbild 61
- Selbstbild 60
- Verhalten 62

Andri 14 ff., 64 ff.
- Identitätsproblematik 11, 25, 28, 32, 52, 64 ff., 68 ff., 81, 90, 93, 104, 111, 140 ff., 145, 147, 152 f.
- Selbstbild 65
- Tod 15, 34 f., 41, 76, 81, 138, 144, 148
- Verhältnis zu Barblin 15, 25, 67, 70
- Verhältnis zum Vater 67

Antisemitismus 13, 53, 55, 58, 80, 91 f., 103, 122 ff., 137, 144, 147, 152
Aufbau 9 ff., 89ff.

B
Barblin 9 ff., 12, 14 ff., 18 f., 25 ff., 30 f., 37 f., 47, 66 f., 71 f., 73, 99, 105 f., 111 f., 116 f., 130 f., 136 f., 139 f., 142, 145, 153 f.
Bezüge zur Realität 100 ff.
Bibelanspielungen 113 ff.
Bildnisthematik 51 ff.
Brecht, Bertolt 82 ff., 88, 96, 98, 146

C
Can, der Lehrer 9, 11 f., 14, 17 ff., 22 ff., 28, 32, 34 ff., 67, 73, 80 f., 88, 90 f., 136, 138, 141, 145, 153

D
Doktor 11 f., 17 f., 22, 26, 28, 32, 35, 42 f., 48 f., 60 f., 71, 74, 76 f., 90, 106, 108 f., 139, 149

E
Entstehung 120 ff.
Exposition 12, 18, 92, 136

F
Fabel 9, 51, 87 f., 121, 153
Formale Mittel 102
Frisch, Max 7, 9 f., 13 f., 23, 29, 34, 39, 41, 51 f., 59, 64, 72 f., 78 f., 82 ff., 85 ff., 94 ff., 98, 100 ff., 105 f., 112, 114 f., 121 ff., 128 ff., 138, 141, 146 f., 149 f., 151
- Auffassung vom Theater 82 ff.
- Aufgabe des Schriftstellers 85 f.
- Über Andorra 123 f.

G
Geselle 11, 16 f., 29, 46, 61, 64, 71, 76 f., 89 f., 139, 144
Gesellschaftliche Problematik 59 ff.
Gerichtsszene 96
Gewalt 70 ff.

H
Handlungsstränge 90 ff.

I
Identifikation 48, 54, 63, 117, 146
Interpretationsansätze 128 ff.

J
Jemand 11, 13, 19, 22, 24, 27, 29, 37, 41, 48 ff., 60, 75, 77, 90, 112, 136, 140
Judenschau 11, 26 ff., 29 f., 31 f., 38, 43 f., 47 ff., 50, 61, 72 ff., 77 f., 92, 97, 109, 112, 117, 125, 138 f., 144, 148, 150

K
Konflikte 12, 90, 92, 136, 147

M
Modell 29, 72, 83 f., 87, 100 ff., 106, 121 ff., 128 ff., 138, 146, 151 f.
Mutter 10, 17 f., 20, 23, 27, 29, 31 f., 37 f., 42, 68, 80, 90, 96 f., 114, 138, 145

P
Parabelform 83 f., 96, 101, 146
Pater 11 ff., 20 f., 23 f., 27 f., 30, 32, 39 ff., 61, 66, 68 ff., 78, 80, 90, 93, 97, 103, 105, 109 ff., 113 ff., 136 f., 148

Pfahl 14, 69, 78, 105, 110, 118 f., 150
Prosaskizze 86 ff.
Publikum 7, 85 f., 88, 96, 98, 106, 146, 148

R
Raumstruktur 98 f.

S
Schuld 11, 15, 17, 22, 32, 35, 37, 41 ff., 54, 60, 63 f., 70, 75 ff., 79 ff., 96, 104, 108, 109, 114 ff., 138 f., 144 f., 149 f., 154
Schwarzen 9 ff., 13, 15, 19, 22, 24 ff., 30 f., 33 f., 37 f., 43 f., 47, 50, 60, 72 f., 78 f., 81, 94, 97, 105, 114, 116 ff., 125, 136 ff., 143 f., 150, 153 f.
Senora 9 ff., 22 ff., 27 ff., 33 ff., 40 f., 44, 48, 63, 71 ff., 79 f., 90, 97, 106, 113 f., 121, 138, 144 f., 149
Soldat 10 ff., 14 f., 19 f., 22, 25 ff., 29 ff., 33, 44, 47 f., 63, 65 ff., 71 f., 75 ff., 89 f., 95, 97, 107 f., 112 f., 116, 136 f., 139, 144, 149
Sprache 105 ff.
Struktur 89 ff.
Stumme Rollen 49 f.
Symbole 99, 105 ff., 115 ff., 150

T
Theaterkritiken 124 ff.
Tischler 11, 13 f., 16, 22, 28, 30, 36, 45 f., 60, 62, 65, 71, 73 f., 75, 77, 90, 105, 110, 113, 118, 136 f., 139, 144
Tragik 79 ff.

V
Verdrängung 7, 54, 60, 74 f., 77 f., 91, 117, 120, 148
Vorausdeutungen 115 ff.
Vorurteil 7, 9f., 14, 16 ff., 20 f., 30, 36 ff., 40 f., 44 ff., 51 ff., 55, 57, 61 ff., 66 ff., 72 f., 76 f., 80 f., 86 f., 90 ff., 103 f., 122, 125 f., 137 ff., 141 ff., 144 f., 147, 149

W
Wahrheit 10 f., 14, 16 ff., 19 f., 23 ff., 27 f., 31 ff., 38, 55, 61, 67 ff., 76 ff., 80 f., 84, 94, 96, 111 f., 117, 126, 130, 138 f., 142, 145, 147 f., 150, 152
Wirt 11, 14 ff., 21 f., 24, 26 f., 29, 44 f., 60 ff., 72, 75, 77, 79, 89, 94, 106, 109, 113, 118, 136 f., 139, 144

Z
Zeitstruktur 94 ff.
Zeugenaussagen 11, 24, 41, 43, 74 ff., 89 f., 94 f., 97, 145 ff.
Zwischenspiele 97

Lektürehilfen
Der gute Mensch von Sezuan
Leben des Galilei
Besuch der alten Dame
Dantons Tod
Woyzeck
Die Physiker
Effi Briest
Andorra
Homo faber
Faust
Iphigenie auf Tauris
Die Leiden des jungen Werther
Die Ratten
Der Sandmann
Der Proceß
Die Verwandlung
Michael Kohlhaas
Marquise von O./Erdbeben in Chili
Prinz Friedrich von Homburg
Tauben im Gras
Emilia Galotti
Nathan der Weise
Liebeslyrik
Lyrik der Nachkriegszeit 1945 – 1960
Buddenbrooks
Mario und der Zauberer/Tonio Kröger
Hiob
Neue Sachlichkeit
Kabale und Liebe
Maria Stuart
Die Räuber
Der Vorleser
Agnes
Das Parfum

Bertolt Brecht
Der gute Mensch von Sezuan
ISBN 978-3-12-923081-7

Bertolt Brecht
Leben des Galilei
ISBN 978-3-12-923066-4

Friedrich Dürrenmatt
Der Besuch der alten Dame
ISBN 978-3-12-923054-1

Georg Büchner
Dantons Tod
ISBN 978-3-12-923073-2

Georg Büchner
Woyzeck
ISBN 978-3-12-923005-3

Friedrich Dürrenmatt
Die Physiker
ISBN 978-3-12-923079-4

Theodor Fontane
Effi Briest
ISBN 978-3-12-923029-9

Max Frisch
Andorra
ISBN 978-3-12-923075-6

Max Frisch
Homo faber
ISBN 978-3-12-923061-9

Johann Wolfgang von Goethe
Faust – Erster Teil
ISBN 978-3-12-923063-3

Johann Wolfgang von Goethe
Iphigenie auf Tauris
ISBN 978-3-12-923062-6

Johann Wolfgang von Goethe
Die Leiden des jungen Werther
ISBN 978-3-12-923006-0

Gerhart Hauptmann
Die Ratten
ISBN 978-3-12-923049-7

E.T.A. Hoffmann
Der Sandmann
ISBN 978-3-12-923071-8

Franz Kafka
Der Proceß
ISBN 978-3-12-923023-7

Franz Kafka
Die Verwandlung
ISBN 978-3-12-923077-0

Heinrich von Kleist
Michael Kohlhaas
ISBN 978-3-12-923024-4

Heinrich von Kleist
Die Marquise von O. / Das Erdbeben in Chili
ISBN 978-3-12-923055-8

Heinrich von Kleist
Prinz Friedrich von Homburg
ISBN 978-3-12-923056-5

Wolfgang Koeppen
Tauben im Gras
ISBN 978-3-12-923051-0

Gotthold Ephraim Lessing
Emilia Galotti
ISBN 978-3-12-923074-9

Gotthold Ephraim Lessing
Nathan der Weise
ISBN 978-3-12-923068-8

Liebeslyrik
ISBN 978-3-12-923031-2

Lyrik der Nachkriegszeit 1945 – 1960
ISBN 978-3-12-923013-8

Thomas Mann
Buddenbrooks
ISBN 978-3-12-923058-9

Thomas Mann
Mario und der Zauberer / Tonio Kröger
ISBN 978-3-12-923059-6

Joseph Roth
Hiob
ISBN 978-3-12-923076-3

Neue Sachlichkeit
ISBN 978-3-12-923052-7

Friedrich Schiller
Kabale und Liebe
ISBN 978-3-12-923065-7

Friedrich Schiller
Maria Stuart
ISBN 978-3-12-923078-7

Friedrich Schiller
Die Räuber
ISBN 978-3-12-923026-8

Bernhard Schlink
Der Vorleser
ISBN 978-3-12-923070-1

Peter Stamm
Agnes
ISBN 978-3-12-923072-5

Patrick Süskind
Das Parfum
ISBN 978-3-12-923064-0